90일 만에 당신의 회사를
고수익 기업으로 바꿔라

감정 마케팅으로 고객을 사로잡는다

90일 만에 당신의 회사를 고수익 기업으로 바꿔라

간다 마사노리 지음 | 이정환 옮김

경집

한국의 독자 여러분께

이 책이 나온 지 벌써 오랜 세월이 흘렀습니다. 시간이 지나면 독자들은 책을 대부분 잊습니다. 그러나 이 책은 일본에서 이례적으로 출간된 이후에도 계속 팔리고 있습니다. 6,000부 정도가 팔리면 성공했다고 할 수 있는 마케팅이라는 카테고리에서 시리즈 누계 판매부수 35만 부를 넘었습니다.

왜 이렇게까지 잘 팔릴까요? 그에 대한 저의 대답은 이렇습니다.

실천 가능한 마케팅 책이기 때문입니다. 이 책은 읽어서 지식을 쌓는 그런 책이 아닙니다. 읽어보면 실천해보고 싶어지는 책, 실제로 해보면 말 그대로 수익을 올릴 수 있는 책입니다.

한때 돈 때문에 벼랑 끝에 몰렸었고, 매일매일 매출을 늘리기 위해 애를 쓴 적도 있습니다. 180일 안에 압도적인 결과를 내지 않으면 실직할 수밖에 없는 상황이었습니다. 이러한 힘겨운 체험이 있었기에 이 책은 누구나 실천이 가능하고 즉시 수익을 내는 데 목적을 두었습니다.

많은 한국 독자가 “일본에서는 성공했을지 모르겠지만, 한국에서도 가능할까?”라는 의문을 품을지도 모릅니다. 충분히 이해합니다. 왜냐하면, 이 책의 내용은 특별히 일본에서 시작된 것이 아니기 때문입니다. 이 책의 노하우는 미국의 DM 마케팅을 기본으로 하고 있습니다. 저도 솔직히 미국에서 먹혔을지 몰라도 일본에서는 통하지 않을 수 있다고 의심했습니다. 그러나 단기간에 결과를 내야만 하는 상황이었기에 시행착오를 거듭하며 철저히 실천했습니다.

그 결과 ‘미국에서 성공했다면 일본에서도 성공한다!’라는 것을 깨우쳤습니다. 왜냐하면 이 책의 노하우는 결국 인간의 기본적인 감정을 다루고 있기 때문입니다. 예를 들면, 다음과 같은 감정은 한국 사람이건, 일본 사람이건, 미국 사람이건 모두 똑같이 느낄 겁니다.

- 쾌락을 추구하려는 욕구보다 고통으로부터 피하려는 욕구가 더욱 더 강한 행동을 유발한다.
- '유료'보다는 '무료'라는 단어에 더욱더 눈길이 간다.
- 고객은 구입하기 어려운 물건임을 알게 되면 더욱더 갖고 싶어 한다.

이처럼 기본적인 감정을 이해하고 사용할 줄 알면 비즈니스에서 매우 단기간에 비상식적인 결과를 낳습니다. 즉, 돈을 벌 때는 문화의 미묘한 차이를 이해하는 것은 중요하지 않고, 인간의 공통성에 대해 보다 깊은 이해를 하는 것이 열쇠가 됩니다.

이 책의 내용이 일본뿐만 아니라 한국에도 들어맞을 거라고, 여러분을 설득할 생각은 없습니다. 아르바이트비 5,000원 정도만 주고, 고등학생에게 '이 책의 내용 중 한국에서 통하지 않을 것 같다고 생각하는 것을 모두 찾으시오.'라고 시키면 너무 간단하게 10~20개는 고를 수 있을 겁니다.

불가능한 이유를 늘어놓는 것은 고등학생도 가능합니다. 돈을 버는 사람은 불가능한 이유를 생각하지 않습니다. 그들은 불가능한 이유를 생각할 시간에, 일단 실천하고 결과를 냅니다.

그 결과를 내는 것은 이 책을 손에 쥔 당신입니다. 당신은 한국에서 개척자가 되어 새로운 지평을 열어갈 수 있습니다. 아마 3년 후에는 실천한 사람 중, 젊어서 일찌감치 은퇴하는 사람도 나올 것입니다.

그걸 어떻게 알 수 있느냐고요? 일본에서 이미 일어나고 있는 일이기 때문입니다. 한국에서도 그런 성공 사례가 나오기를 기원합니다.

간다 마사노리

(2001년판 서문)

시작하며

여러분은 왜 이 책을 집어 들었는가?

'제목이 마음에 들어서?'

'표지가 눈에 띄어서?'

'자기도 모르게 무의식적으로 그냥?'

사실 이 책에는 여러분이 책을 집어 들게 만드는 장치가 설치되어 있다. 그 말은, 여러분은 이미 감정 마케팅(Emotional Marketing)의 마법에 걸렸다는 것이다. 이 책에서 그 마법을 공개한다. 상당히 강력한 방법이다. 실천만 하면 여러분의 회사는 90일 안에 고수익을 올리는 기업으로 바뀐다. 그러나 너무 강력한 방법이기 때문에 읽지 않는 게 나은 사람도 있다.

바로 돈 버는 일을 떳떳하게 생각하지 않는 사람이다. 지금까지와는 다른 사고방식을 받아들이지 못하는 사람은 이 책을 읽으면 기분이 나빠진다. 돈을 너무 간단히 번다고 생각하게 되기 때문이다. '노력을 하지 않고는 돈을 벌 수 없다.'라는 상식이 완전히 무너져 버리기 때문이다. 그리고 품질이 나쁜 상품을 비싼 가격에 팔아 치우겠다는 생각을 가진 사람 역시 절대로 읽지 말기를 바란다. 이 방법은 너무 강력하기 때문에 아무런 가치도 없는 항아리라도 백만 엔에 팔겠다고 마음만 먹는다면 얼마든지 팔 수 있다. 그러나 그것은 사기다. 절대로 해서는 안 되는 행위다.

여러분이 만약 지금까지 열거한 타입 중 어느 한 가지에 해당한다면 지금 즉시 이 책을 덮어주기 바란다. 여러분은 나와 인연이 없는 사람이니까 이 책에 관해서는 완전히 잊어주기를 바란다.

아직도 읽고 있는가? 그렇다면 여러분은 상당히 유능한 비즈니스맨이다. 나도 충분히 각오하고 있다. 내가 가지고 있는 모든 비밀을 완전히 개방할 각오 말이다.

"90일 만에 고수익을 올리는 기업으로 바꿀 수 있다고? 정말?"

아니다, 거짓말이다. 사실은 90일도 걸리지 않는다. 90일은 이런저런 고민을 하는, 여러 가지 시간을 모두 포함한 기간이다. 실제로는 시작해서 30일 뒤면 여러분 회사의 예금 잔고가 부쩍 늘어나 있을 것이다. 이 기적의 방법이 감정 마케팅이다.

감정 마케팅은 무엇인가?

한마디로 말하면, 고객들이 "당신의 상품을 나에게 팔아주십시오."라며 스스로 찾아오게 만드는 마케팅 방법이다. 지금까지의 영업은 고객을 찾아가 판매하는 형식이었다. 이 방법은 현대 사회에서 원시인이 도끼를 휘두르는 것과 같다. 석기시대의 유물이다. 고도성장기에는 사용할 수 있었지만 성숙기에는 사용할 수 없다. 성숙기에는 영업의 효율성이 중요해지기 때문에 지금까지와는 전혀 다른 방식이 필요하다. 즉, 여러분이 고객을 찾아가는 것이 아니라 고객이 여러분을 찾아오게 만들어야 한다.

"고객이 나를 찾아온다고? 그게 정말 가능할까?"

그렇다. 가능하다. 단, 여기에는 한 가지 열쇠가 필요하다.

그 열쇠가 무엇인지 모르기 때문에 99%의 회사가 현재 쓸데없는 노력을 하고 있다. 이벤트를 해도 고객을 모으지 못하고 전단지를 배포해도 전화는 걸려 오지 않는다.

그러나 이 책에서 설명하는 방법을 알면 이런 고생은 모두 과거의 추억이 되어 버린다. 전화벨 소리가 끊임없이 울려 퍼질 테니까. 믿을 수 없다고? 그렇다면 증거를 보여주겠다. 다음 장에 있는 사진은 내가 독립했을 당시의 통장 복사본이다. 독립한 뒤, 잔고는 계속 줄어들기만 했다. 3개월 뒤에는 30만 엔이 남아있었다. 생활비까지 생각하면 "이대로 하다간 다음 달에는 폐업해야겠는데…."라고 생각했다. 그러던 것이 180일 뒤에는 2,430만 엔으로 늘어났다.

회사로서는 큰 금액이 아니다. 하지만 불과 얼마 전까지 샐러리맨이었던 나는 하늘로 뛰어오르고 싶을 정도로 놀라운 수익이었다. 당시, 가장 즐거웠던 것은 매일 은행에 가는 일이었다. 통장에 찍히는 숫자가 계속 커졌다. 통장에 숫자가 기입되는 기계 소리를 들으면서 나는 생각했다.

"회사에 근무했을 때에는 몰랐지만 뭐니 뭐니 해도 이렇게 계속 수치를 높이지 못한다면 경영자로서는 실격이야."

"아무리 그럴듯한 말을 늘어놓는 컨설턴트라고 해도 고객

독립 이후의 예금통장 잔고

1 普通預金

自動機をご利用の場合は
矢印方向から挿入してください。

年月日	お支払金額	お預り金額	差引残高
			ご新規
1 10・4・30		*10,000	*********10,000
2 10・4・30	*1,050		*********8,950
3 10・5・20	振込		
4		*1,155	*********10,105
5 10・6・3	振込		
6	カ	*1,680	*********11,785
7 10・6・10	振込		
8	カ	*19,530	*********31,315
9 10・6・17	振込		
10	カ	*8,820	*********40,135
11 10・6・23	振込		
12		*205,800	********245,935
13 10・6・24	振込		
14	カ	*7,035	********252,970
15 10・6・25	手数料	*210	********253,180
16 10・6・24	取立	*50,400	********303,580
17 10・7・10	振込	*52,500	********356,080
18 10・7・14	振込	*50,400	********406,480
19 10・7・15	振込		
20	カ	*82,908	********489,388
21 10・7・16	振込	*50,400	********539,788
22 10・7・16	振込	*50,400	********590,188
23		***** 繰越	*****

13 普通預金

自動機をご利用の場合は
矢印方向から挿入してください。

年月日	お支払金額	お預り金額	差引残高
			*****24,115,728
1 10・12・29	*215,222	カード振込	
2	うち手数料¥472		*****23,900,506
3 10・12・29	*58,957	カード振込	
4	うち手数料¥472		*****23,841,549
5 10・12・29	*200,000	カード	*****23,641,549
6 10・12・29	振込		
7	ノムラ	*34,650	*****23,676,199
8 10・12・29	振込	*16,800	*****23,692,999
9 10・12・29	振込	*9,200	*****23,702,199
10 10・12・29	振込	*16,800	*****23,718,999
11 10・12・30	振込		
12		*16,800	*****23,735,799
13 10・12・30	振込		
14	カ	*511,648	*****24,247,447
15 10・12・30	振込		
16		*34,650	*****24,282,097
17 10・12・30	振込		
18		*33,915	*****24,316,012
19 10・12・30	振込		
20		*34,650	*****24,350,662
21 10・12・30	振込	*27,300	*****24,377,962
22		***** 繰越	*****
23 * 通帳繰越 *		営業時間中に窓口へお越しください	

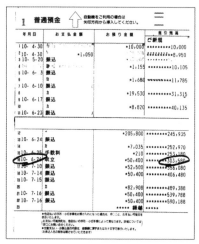

감정 마케팅 결과, 30만 엔의 예금이 180일 뒤에는 2,430만 엔으로.

이 이런 식으로 수치를 높일 수 있도록 만들어주지 못한다면 사회악일 뿐이야."

따라서 이제 내가 여러분에게 가르쳐줄 내용은 단순히 이론만을 늘어놓는 컨설턴트식 방법이 아니다. 나 자신이 직접 실천했던 방법이다. 그렇기 때문에 실천서다. 합법적으로 현금을 인쇄하는 방법, 권총 없이 단기간에 현금을 얻는 방법이다. 앞에서도 말했지만 이 방법에는 한 가지 중대한 열쇠가 있다. 그 열쇠는 이모션, 감정이다.

대부분의 회사는 인간의 감정을 생각하지 않고 비즈니스를 펼치기 때문에 본래 얻을 수 있는 매출이나 효율을 얻지 못한다. 상대방의 감정을 자극해서 반응을 유발시키면 고객이 스스로 여러분에게 말을 걸어온다. 고객이 스스로 여러분을 찾아온다. 그 결과, 영업의 효율성은 비약적으로 올라간다. 이것이 감정 마케팅이다.

감정 마케팅은 새로운 방법이 아니다. 미국에서는 이미 백년 전부터 해 오고 있는, 실증된 방법이다. 일본에서도 나의 지도 아래 많은 경영자가 실천하고 있다. 실천하고 있는 업계 일부를 예로 들면 주택, 부동산, 리모델링, 가전제품, 통신판매, 자동차 판매, 제조, 광고, 인쇄, 보험, 컨설팅, 세무, 외식 등이다. 즉, 다양한 업계에 폭넓게 응용할 수 있다.

전형적으로 발생하는 현상은 매출 증가뿐 아니라 영업경비 절감이다. 그 결과 90일 만에 만족스러운 상태, 즉 고수익을 올리는 기업으로 바뀔 수 있다.

"말도 안 돼! 만약 90일 안에 예금 잔고가 늘어나지 않으면 어떻게 할 겁니까? 보증할 수 있습니까?"

이렇게 말하는 사람도 있을지 모르지만 유감스럽게도 보증은 할 수 없다. 그건 일반적인 사람이라면 불가능한 일이다. 만약 보증을 할 수 있다고 말한다면 비즈니스 현장에 대해 잘 모르는 사람이거나 사기꾼이다. 여러분은 사기꾼이 쓴 책을 읽고 싶지는 않을 것이다. 보증은 할 수 없지만 실천한 사람들로부터 "파산을 면했다, 고객이 2배로 증가했다, 이렇게 잘 풀려도 되는 것인지 두려운 생각이 든다." 등의 말을 들을 수 있었다. 실적은 거짓말을 하지 않는다. 이것이 무엇보다 명확한 증거다.

마지막으로 감정 마케팅에 관해 오해하지 않기를 바라는 부분이 있다. 이 방법은 단순히 돈을 버는 것만이 목적이 아니다. 물론 돈을 벌 수 없다면 의미가 없으니까 당연히 돈을 벌어야 하지만 그것만이 목적은 아니다. 보다 더 중요한 사항이 있다.

고객의 기쁜 얼굴이다. 고객은 여러분에게 상품을 구매한 것을 기뻐한다. 여러분도 그 기뻐하는 표정을 보고 "더 노력해야겠다."라고 다짐하게 된다. 이렇게 해서 고객과 여러분의, 마음과 마음의 교류가 형성되어야 한다. 아무리 많은 수익을 올려도 고객에게 기쁨을 주지 못한다면 비즈니스는 재미가 없다. 그렇지 않은가?

상품에는 자신이 있다. 그리고 고객의 웃는 얼굴이 무엇보다 기분 좋다. 여러분이 그런 사람이라면 합격이다. 이 책을 구매해도 좋다. 그러니까 이제 그만 훑어보고 빨리 계산대로 달려가기 바란다.

구입했는가? 그렇다면 여러분은 왜 이 책을 구입했는가?

그 마법을 풀어보자.

차례

2장

엘리트의 고백: 엘리트는 이런 식으로 여러분을 함정에 빠뜨린다

3장

감정 마케팅의 마법

4장

고객이 자동으로 증가하는 시스템

1장

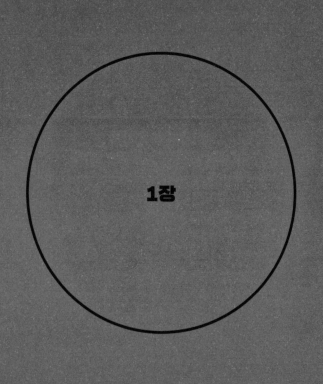

왜
악덕업자가 돈을 벌고
정직한 업자는
실패하는가?

악덕업자가 번영을 누리는 시대?

"요즘은 전단을 뿌려도 문의 전화가 거의 걸려 오지 않아요."

전에 오사카의 한 부동산 회사 사장과 이야기를 나누었을 때의 일이다. 일본의 부동산 전단은 90% 정도가 거의 비슷하다. 물건, 가격 등 간단한 정보가 실려 있을 뿐 새로운 연구를 하는 경우가 거의 없다.

부동산이 호황일 때라면 굳이 새로운 연구를 하지 않아도 된다. 하지만 불황일 때는 이런 나태함이 통하지 않는다. 전단지 5만 장을 배포해도 전화 한 통 걸려 오지 않는 경우도 있다. 5만 장의 전단지를 배포하려면 적어도 30~40만 엔의 비용이 들어간다. 따라서 효과를 보지 못한다면 만 엔짜리 지폐 수십

장을 쓰레기통에 던져 넣은 것과 같은 비참한 결과가 나온다. 그렇기 때문에 어떻게 해야 전단지를 이용해서 많은 고객으로부터 전화가 걸려 오게 할 것인가 하는 부분에 사활을 건다.

그래서 그 부동산 회사 사장과 부근에서 배포되고 있는 경쟁 회사의 전단을 연구해 보았다. 그 지역은 격전지였기 때문에 산더미 같은 전단지가 닥치는 대로 뿌려지고 있었다. 그중에, 꽤 느낌이 좋은 전단이 있었다. 컬러인데 디자인도 나쁘지 않았다. 광고 문구 역시 'TV 광고로 익숙한', '지역에서 35년'이라는 식으로 짜여 있어 보는 이에게 친숙함을 주었다. 만약 부동산을 찾고 있다면 전화를 걸어보고 싶은 생각이 들게 만드는 전단지였다.

분명히 연구를 한 흔적이 보이는 전단이었기에 사장에게 물어보았다.

"이 전단이 가장 좋군요. 이 회사는 꽤 수익이 좋을 것 같은데 어떻습니까?"

"아, 이 회사는 가장 나쁜 회사입니다."

"왜 그렇죠?"

"이게 허위 매물이에요. 이런 식으로 유혹해서 고객이 찾아오면 터무니없는 토지를 거의 강매하다시피 비싼 가격에 넘기지요.”

“그렇군요. 하지만 이걸 보면 보통 사람은 당할 수밖에 없겠는데요. TV 광고로 익숙하다는 내용도 쓰여 있는데 정말인가요?”

“10년 전에나 TV 광고를 했지 지금은 하지 않아요.”

이런 악덕업자들이 돈을 벌고 있다. 부동산뿐만이 아니다. 한번은 에스테틱을 하는 사장으로부터 이런 이야기를 들은 적이 있다.

“에스테틱을 이용하는 고객의 1인당 평균 이용금액이 얼마 정도라고 생각하세요? 140만 엔이에요.”

“네? 140만 엔이요?”

“네, 한 고객에게 평균 140만 엔을 사용하게 하는 거죠.”

도대체 어떻게 140만 엔이나 되는 큰 금액을 계약하게 하는 것일까? “다이어트를 원하는 분은 여기로 오십시오. 비용은 140만 엔입니다!”라고 정직하게 고객을 모집하는 에스테틱은 본 적이 없다. 처음에는 1,000엔 정도의 가벼운 피부관리체험 이벤트를 이용해 “단돈 1,000엔입니다.”라는 식으로 고객을 모집한다. 손님이 방문하면 그 이후에는 어떻게 될까?

사실 여기부터 피부관리사의 수완이 동원된다. 팩을 하고 있는 동안에 "고객님, 이 기미 간단히 제거할 수 있어요."라거나 "○○님, 여기 이 군살, 신경 쓰이지 않으세요?"라는 식으로 말을 걸면서 고객에게 설문조사를 받는다.('○○님'이라는 식으로 친근하게 접근하는 방식이 포인트다) 그리고 "잠깐만요."라고 말하며 잠시 기다리게 한 뒤 커튼 뒤로 들어간다.

거기서 전화로 고객의 신용조회를 한다. 즉, 이 고객은 어느 정도 금액까지 결제를 할 수 있는지 조사하는 것이다. 그리고 결제 가능한 금액을 최대한 사용하게 만든다. 결국, 일본에서는 에스테틱에서 쓴 신용카드값 때문에 파산하는 일이 사회적 문제로까지 대두되었다. 지금은 이런 일이 거의 발생하지 않고 있지만(표면적으로는) 한때 매우 심각했다.

‘진심’과 ‘수익’은 아무 관련이 없다

배후를 알고 나면 깜짝 놀랄 비즈니스는 세상에 넘친다. 여러분이 속한 업계에서도 충분히 있을 수 있는 일들이다. 영업사원들은 이런 말을 자주 한다.

“그 회사의 상품은 최악인데 왜 그렇게 잘 팔리지? 그 상품을 구입한 고객은 성분을 모르는 게 약일 거야.”

이처럼 악덕업자가 돈을 벌고 있는 게 현실이다. 그런 한편, 진심을 다해 성실하게 노력하는 데도 불구하고 고생만 하고 이익은 올리지 못하는 회사들이 있다. 그들은 쉬지 않고 움직이며 열심히 일한다. ‘진심을 다해서 노력하다 보면 곧 나아질 거야.’라고 생각하면서. 진실을 말해보자.

'진심을 다해서 일한다'는 것과 '수익을 낸다'는 것은 아무런 관련이 없다. 진심을 다해도 망하는 경우는 얼마든지 있다. 사장이 최선을 다해 사회에 공헌하려고 최대한 노력을 해도, 사원들이 밤늦게까지 피땀을 흘리며 노력을 해도 소용이 없다. 가장 건강한 사람이 암에 걸리듯 진심을 다해 성실하게 노력하는 회사라도 망하는 경우는 얼마든지 있다. 이것이 현실이다.

그럼 '수익'은 무엇과 상관관계가 있을까? 이 문제는 악덕업자가 돈을 버는 이유를 생각해 보면 쉽게 이해할 수 있다. 악덕업자는 품질이 떨어지는 상품을 판매한다. 처음부터 팔 수 없는 상품을 가지고 있는 것이다. 에스키모인에게 냉장고를 판매하는 것과 비슷하기 때문에 가만히 있어서는 아무리 시간이 흘러도 고객이 찾아오지 않는다. 고객이 찾아오지 않으니까 "어떻게 하면 팔 수 있을까?"에 대해 진지하게 생각한다. "어떤 광고를 내면 고객을 끌어들일 수 있을까? 어떻게 유혹하면 상대방이 관심을 보일까? 어떤 구조를 갖추면 수익을 올릴 수 있을까?" 이런 식으로 철저하게 판매방식을 연구한다.

하지만 정직한 업자는 보유하고 있는 상품이 좋은 것이기 때문에 판매방식을 진지하게 연구하지 않는다. 상품이 좋으면 자동으로 팔린다고 생각한다. 지금 팔리지 않는다고 해도 좋은 상품이니까 언젠가 팔릴 것이라고, 그런 기적이 일어날 것이라고 믿는다. 즉, 상품에 너무 의존한다. 그리고 정직한 성격이기 때문에 많은 수익을 올릴 생각도 하지 않고 최대한 시간을 들여 판매를 위한 노력을 한다. 그러다가 문득 정신을 차려보면 쓸데없는 잡일만 하고 있다. 잡일은 수익을 가져다주지 못한다. 그렇기 때문에 수익은 올리지 못하면서 늘 바쁜 것이다.

‘바쁘지만 돈은 못 번다’에서 ‘한가하지만 돈은 번다’로

여러분도 혹시 이런 악순환에 빠져 있지 않은가? 설사 빠져 있다고 해도 여러분 책임은 아니다.

본인의 인생을 돌이켜보자. 판매방식에 관해 체계적으로 배운 기억이 있는가. 학교에서 1시간이라도 상품 판매 방법에 대해 수업을 받아본 적이 있는가. 경제학이나 법률은 배웠을지 모르지만 고객을 모으는 방법을 배운 적은 없을 것이다. 가만히 있어도 상품이 팔리는 시대에는 상관없다. 그러나 앞으로는 누구나 자신의 상품이나 서비스를 판매하는 능력을 연마해야 한다.

이제는 누구나 고객을 모으려는 노력을 해야 한다. 의사, 변호사, 세무사, 공인회계사, 노무사 등 전문직이라도 예외는 없다. 지금까지 선생님으로 불리며 영업을 할 필요가 없었던 직업의 종사자들조차 고객이 찾아오지 않으면 폐업이다.

그러나 안심해도 된다. '힘든 시대'라고 한탄할 필요도 없다. 고객을 모은다는 건 그렇게 어려운 일이 아니기 때문이다. 어려워 보이는 이유는 아무도 그 방법을 체계적으로 배운 적이 없기 때문이다. 이론적으로 배운 적이 없기 때문에 지금까지는 땀과 근성이 통할 수 있었다. 하지만 현실에서 땀과 근성만으로는 고객을 모을 수 없다. 아무리 열심히 기도를 하고 진지하게 명상을 해도 고객은 찾아오지 않는다.

고객을 모으는 것은 과학이다. 과학이기 때문에 예측이 충분히 가능하다. 유연하게 컨트롤할 수 있는 메커니즘이다. 나는 여러분에게 이 메커니즘을 전하고 싶다. 그러나 지금부터 하는 말에는 지금까지 들어본 적이 없는, 새로운 발상이 가득하다. 새로운 발상은 흡수하기 어렵다. 지금까지 굳어져 온 낡은 사고방식은 새로운 발상이 정착하기 어렵도록 방해한다. 사람에 따라서는 새로운 발상을 받아들이지 않을 수도 있다. 변화를 거부하는 쪽이 편하기 때문이다.

그렇다면 어떻게 해야 새로운 발상이 뿌리내릴 수 있게 할 수 있을까? 우선 글자들로 가득 찬 칠판을 상상해 보자. 이런 칠판에는 글씨를 써도 뭐가 뭔지 쉽게 알아보기 어려울 것이다. 새로운 글씨를 쓰려면 칠판을 지우고 지금까지의 글자들을 없애는 것부터 시작해야 한다. 따라서 지금부터 칠판을 깨끗하게 지워 새롭게 글을 쓸 수 있는 장소를 넓혀야 한다.

깨끗하게 지워야 할 칠판은 여러분의 머릿속에 있다. 그 칠판에는 5가지의 가르침이 쓰여 있다. 언뜻 보면 모두가 그럴듯한 가르침이다. 선생님이나 상사가 설교를 할 때 흔히 사용하는 말들이기도 하다. 이런 사고를 가지고 있는 한 아무도 적이 되지 않는다. 그러나 그 하나하나가 여러분 성공의 장애물이 된다.

왜 장애물이 될까? 지금부터 그 이유를 설명해 보겠다.

정직한 사람이 실패하는 이유 ①

“열심히 노력하면 팔 수 있다. 팔 수 없는 이유는 노력이 부족하기 때문이다.”

어느 회사 사장님으로부터 전화가 걸려 왔다.

“우리 회사 청소기를 판매하고 싶은데 뭔가 좋은 방법이 없을까요?”

“어떤 상황입니까?”

“전화 영업을 한 다음에 방문을 해서 판매하는 방식을 사용하고 있는데 방문까지 진전되지 않습니다. 방문을 할 수 있도록 연결시키는 좋은 방법이 없을까요?”

“몇 건의 통화에 몇 건의 방문이 이루어지고 있습니까?”

“지금까지 1,600건의 통화를 했는데 방문까지 이어진 건 2건뿐입니다.”

"그렇다면 800건의 전화로 한 건의 방문이 이루어졌다는 것이군요. 이래서는 전혀 효과가 없는 것 아니겠습니까. 더구나 통화 내용은 꽤 면밀하게 짜여 있을 텐데. 그렇다고 내용을 더 보강한다면 오히려 이미지만 나빠질 가능성이 높고…. 그런데 왜 다른 상품은 다루지 않습니까? 같은 방식을 사용하더라도 200건의 통화에 3건의 방문이 이루어지는 상품이 있는데요."

이 회사는 제조 회사가 아니다. 청소기를 매입해서 판매하는 방식을 취하고 있다. 그렇기 때문에 굳이 팔리지 않는 청소기를 고집할 필요는 없었지만 일부러 가시밭길을 걸으며 마치 청소기가 팔리지 않는 것이 자신의 노력 부족이라고 생각하는 듯했다.

상품이 팔리지 않는 것은 여러분 탓이 아니다. 열심히 노력해도 팔리지 않는 것은 있다. 팔리지 않으니까 그 상품에 매달려 있는 한 아무리 시간이 흘러도 매출은 나아지지 않는다. 본인의 생활뿐 아니라 사원들의 생활도 나아지지 않는다. 팔리지 않는 이유는 상품이 너무 나쁘기 때문이다.

품질이 나쁘다는 의미가 아니다. 품질은 고객이 사용한 뒤에야 비로소 알 수 있는 것이기 때문이다. 고객은 '품질이 좋아 보이니까'라는 이미지를 바탕으로 상품을 선택한다. 즉, 이미지가 중요하며 실제의 품질은 구입한 이후에 사용해보지 않고는 인지할 수 없다. 그러니까 상품의 품질과 고객의 구매는 관계가 없다. 그렇다면 왜 팔리지 않을까?

한마디로 말하면 '성숙 상품'이기 때문이다. 어떤 상품이건 라이프 사이클이 있다. 즉, 어떤 상품이건 도입기, 성장기, 그리고 성숙기를 반드시 거친다. 라이프 사이클로 볼 때 이미 성숙한 상품은 마케팅에 대한 반응률이 낮아진다. 예를 들어, 전에는 200건의 통화를 하면 1건은 방문이 성사되었다고 해도 이제는 800건의 통화를 해야 1건의 방문이 성사되는 반응을 보이는 것이다. 이러면 수익을 올릴 수 있는 구조를 갖추기 어렵다.

구체적으로 계산해보자. 전화 상담을 하는 경우, 인건비를 포함해서 한 건당 250엔이 들어간다고 치자. 전에는 200건의 통화를 하면 1건의 방문, 즉 5만 엔을 들이면 1건의 방문이 이루어졌다. 그리고 방문으로 이어진 고객의 집 세 곳을 방문한 결과 1대를 판매했다고 가정해보자. 그렇다면 1대를 판매하는 데에 15만 엔의 영업비용이 들어간 것이다. 방문 판매한 청소기가 1대에 30만 엔이고 매출이익이 18만 엔이라면, 15만 엔의 영업비용이 들어도 수익을 3만 엔 낼 수 있다.

그러나 성숙 단계로 접어들면 어떻게 될까? 반응률은 800건에 1건의 비율로 낮아진다. 영업비용은 4배로 뛰어오른다. 즉, 45만 엔의 영업비용이 발생한다! 천문학적인 숫자다. 이래서는 악덕업자도 비명을 지를 지경이다.

이처럼 반응률은 상품의 라이프 사이클에 따라 크게 변한다. 그리고 일단 낮아지기 시작하면 급속도로 떨어진다. 그 결과, 이 상품에만 의존해서는 도저히 신규 고객을 확보하기 어려워진다.

휴대전화도 마찬가지 패턴을 밟는다. 최근까지 휴대전화 광고는 어디를 가나 흔히 볼 수 있었다. '휴대전화, 무료 체험자 1천 명 모집!'이라는 광고만 내걸어도 엄청난 응모자들이 모여들었다. 그러나 성장력이 둔화됨과 동시에 광고에 대한 반응이 격감했다. "광고에 대한 반응이 이전의 10분의 1로 줄어들었다."라는 말이 나왔다. 그러자 광고 선전을 하기 위해 필요한 매출총이익을 확보할 수 없게 되었다. 그래서 최근에는 휴대전화 무료 체험자 모집 광고는 거의 볼 수 없는 상황이 벌어졌다.

“언젠가 반드시….”라는 수렁에 빠지는 첫걸음

이처럼 상품의 라이프 사이클에 따라 그 상품을 판매하는 비용은 크게 변한다. 비용뿐 아니라 영업사원의 노고도 크게 변한다. 시장에서 한창 성장하고 있는 상품이라면 가만히 있어도 팔려 나가지만 그 시기가 지나면 진땀을 흘리며 뛰어다니지 않고는 판매하기 어렵다.

당연하지만 일상적으로 비즈니스를 하다 보면 이런 것까지 보이지 않는다. 그리고 한번 판매 효과가 좋았던 상품이 있으면 그 상품에 매달리게 된다. 그 결과, 점차 진흙탕 속으로 빠져들어 간다. “조금만 더 노력하면 팔 수 있어.”, “고객이 한 번만 사용해보면 이 상품이 얼마나 좋은지 알 수 있을 거야.”라는 식으로 '언젠가는'이라는 기대 속에서 몸부림치는 동안에 상처는 점점 깊어만 간다. '언젠가는'에 집착하다가 망한 회사나 기업은 얼마든지 있다. 단, '불가능한 상품'이라도 상황이 바뀌는 경우가 있다. 2가지의 예를 들어보자.

하나는 상품에 혁신이 발생한 경우다. 이건 새로운 라이프사이클이 시작되는 것이기 때문에 다시 성장 궤도로 진입할 수 있다. 예를 들어, 애플의 iMac이다. 간단히 인터넷을 할 수 있는 퍼스널 컴퓨터를 이용해 새로운 성장곡선을 만들어냈다. 잘 알고 있듯 이와 거의 똑같은 eOne이라는 PC도 등장했다. 이것은 iMac이 만들어낸 성장 곡선에 그대로 편승했었다. 문제가 되기는 했지만 현명한 방법이다.

두 번째는 미노 몬타(일본의 사회자 겸 사업가)가 "구입하십시오!"라고 말하는 경우다. 즉, 대중에게 영향력을 가지고 있는, 카리스마 넘치는 유명인이 적극적으로 상품을 추천할 때 발생한다. 지금까지 거의 팔리지 않았던 상품이 하루 만에 품절이 된다.

과거 매실농축액이 TV에서 방영된 순간, 매출이 몇 배로 뛰어올랐다. 이런 현상이 나타나는 건 지금까지 의식하지 않았던 상품의 장점이 유명인의 발언에 의해 인지되면서 상품의 새로운 라이프 사이클이 시작되었기 때문이다. 하지만 미노몬타와 같은 유명인 없이 이런 인지도를 만들려 한다면 광고, 마케팅에 수십억 엔의 자금이 투입되어야 한다.

이런 식으로, 기적이 일어나지 않는다고 단정할 수는 없지만 기적을 바라며 기도만 하고 있는 사이 파멸해 버린다면 아무것도 남지 않는다. 물론, 아무런 노력도 해보지 않고 바로 포기하는 것은 당연히 문제가 있다. 뒤에서 상세히 설명하겠지만 상품을 판매하는 방식이나 판매할 타깃을 바꾸는 등의 마케팅 연구를 통해 반응이 10배 이상으로 뛰어오르는 경우도 있다. 그런데 이런 연구를 전혀 하지 않고 포기한다면 더 큰 문제다. 단, 최선을 다해 그런 연구를 한 뒤에도 반응이 없다면 그때는 물러나야 한다.

상품에 대한 소비자의 반응은 라이프 사이클에 의해 어느 정도 정해진다. 그 수치는 공기의 성분비율이 바뀌지 않는 것과 마찬가지로 매우 물리적인 수치다. 땀과 기도로는 보완할 수 없다. 그러니까 어느 정도 연구를 한 뒤에도 반응률이 오르지 않는다면 미련 없이 다른 상품으로 옮겨가는 게 현명한 선택이다. 같은 노력으로 몇 배의 신규 고객들을 확보할 수 있는 상품은 얼마든지 있다.

"고생 끝에 낙이 온다."라는 말은 석기시대에나 통했다. 3달 동안 최선을 다해 노력했는데도 좋은 결과가 나오지 않는다면 3년을 노력해도 결과는 달라지지 않는다.

정직한 사람이 실패하는 이유 ②

"가격이 싸니까 반드시 팔릴 거야!"

악덕업자는 최대한 비싸게 팔려고 한다. 정직한 사람은 최대한 싸게 팔려고 한다. 물론 고객의 입장에서는 싸면 쌀수록 좋다. 그러나 여기에서 문제는 정직한 사람은 "싸면 팔린다."라고 생각한다는 것이다. "이렇게 싸니까 반드시 팔릴 거야."라고 생각하며 전단지를 배포한다. 그리고 전화가 걸려 오지 않으면 "가격이 이렇게 싼데 왜 팔리지 않는 것일까?"라며 한숨을 내쉰다. 이것이 현실이다. 그렇다면 비싸게 팔아야 할까, 아니면 싸게 팔아야 할까?

정직한 사람도 최대한 비싸게 파는 쪽을 생각해보아야 한다. 그 이유는, 정직한 사람은 이익이 거의 남지 않을 수준까지 가격을 낮추는 경향이 강하기 때문이다. 본인은 면밀하게 이익을 계산해 본 결과 "이 정도면 충분히 마진이 남아."라고 생각해서 가격을 결정하지만 계산이 너무 안일해서 문제다. 예를 들어보자.

정직한 사람은 이렇게 생각한다.

'이 상품은 타사 상품보다 훨씬 싸. 더구나 품질도 좋아. 반드시 팔릴 거야. 그럼 우선 DM을 보내자. 잡지에서 〈통신판매를 통해서 엄청난 이익을 올렸다〉라는 특집기사를 보았더니 DM의 반응률은 1~3%라고 쓰여 있었어. 그러니까 우선 1,000통 정도를 보내보자. 최악을 가정해서 1%의 고객이 구입한다고 가정하면 최소한 10명은 구입해주는 거야…. 그럼 주문 1개당 이 정도의 이익이 남으니까 10명이라면…. 그래, 이 정도면 충분히 이익이 남아. 좋았어! 이렇게 해보는 거야!'

이렇게 해서 1,000통의 DM을 보낸다. 그리고 일주일 후 '이상한데. 왜 연락이 없지? 우체국에서 제대로 배송한 건가? 뭐, 좀 더 기다려보자.' 다시 일주일이 지나면 '이럴 리가 없는데! 주문이 한 건밖에 없잖아? 어떻게 된 거지?'라며 크게 당황한다.

혹시 여러분도 이런 이야기를 들어본 적 있는가? 이렇게 말하는 나도 이런 실패를 엄청나게 겪었다. 애당초 DM의 반응률이 1~3%라는 건 누가 정했는지 알 수 없다. 아마 석기시대의 숫자일 것이다. 현대 사회에서는 전혀 모르는 타인에게 DM을 보내서 1~3%의 고객이 구입해 준다면 복권에 당첨된 것과 같다. 그 정도의 반응이라면 반년 후에는 도심에 아파트 한 채는 마련할 수 있을 것이다.

그렇다면 현실적인 반응률은 어떻게 될까? 판매하는 상품의 가격대에 따라 다르지만, 그에 10분의 1 정도라고 생각하면 된다.

석기시대의 숫자로 돈을 벌려는 업자들

이처럼 석기시대의 숫자에 빠져 있는 정직한 사람들이 정말 많다. 이런 숫자가 망령처럼 떠돌고 있는 이유는 그런 숫자의 매직으로 돈을 버는 회사들이 많기 때문이다. 예를 들면, '전단지를 배포하는 것만으로 월수입 100만 엔을!'이라고 쓰여 있는 광고가 있다. 판매 대리점 모집 광고다. 대부분 벤츠 앞에 더블수트를 입은 멋진 남성의 사진이 실려 있다. 말할 것도 없이 벤츠는 빌린 것이다.

내용을 자세히 읽어보면 '시간이 비었을 때 카탈로그를 배포하는 것만으로 매일이 월급날!'이라고 쓰여 있다. 그 옆에 손익 시뮬레이션이 실려 있는데 그것이 3%의 반응률을 가정하고 있다. 물론, 석기시대의 숫자를 토대로 생각한다면 돈을 벌 수 있다. 그러나 현대 사회에서 3%라는 수치는 절대로 있을 수 없다. 카탈로그의 상품이라면 그 10분의 1, 100분의 1 정도일 것이다. 이런 건 조금만 생각해보면 알 수 있다. '전단지를 배포하는 것만으로 고수입!'이 사실이라면 자사에서 직접 판매할 것이다. 전단을 배포해주는 업자는 얼마든지 있으니까. 자신이 직접 해도 수익을 올리기 어렵다는 사실을 잘 알고 있기 때문에 판매 대리점을 모집하는 것이다.

이 회사의 이익은 입회금과 카탈로그를 대리점에 판매하는 과정을 통해 얻을 수 있는 이익 그리고 매달 나가는 사무 관리비용 등이다. 즉, 상품은 팔리지 않아도 판매 대리점이 자신의 실수를 깨달을 때까지 가만히 앉아서 수익을 올릴 수 있는 구조가 갖추어져 있다. 이런 사기에 가까운 회사는 아니라 해도, 광고 효과를 엄청나게 부풀리는 업자들은 헤아릴 수 없을 정도로 많이 있다.

현실적인 숫자를 공개하면 대부분의 전단지나 DM, 광고는 적자에서 벗어나지 못하고 있는 상태라는 사실이 들통난다. 그렇기 때문에 최대한 비밀로 숨기는 것이다. 진실이 들통나면 더 이상 사업을 전개할 수 없으니까.

대부분의 광고 선전은
적자에서 벗어나지 못하고 있는 상태다.

정직한 사람은 석기시대의 숫자를 그대로 믿어 버려서 커다란 적자를 낸다. 나도 이런 경험이 몇 번이나 있다. 여러분은 내 흉내를 낼 필요가 없다. 이것이 내가 클라이언트에게 “가격은 높게 설정하십시오.”라고 권하는 이유 중의 하나다.

“

염가판매는 바보에게 맡겨라

”

가격을 비싸게 설정하는 쪽이 좋은 이유가 하나 더 있다. 가격을 싸게 설정하면 할인 이외의 다른 판매방식을 연구하지 않기 때문이다. 할인은 매우 쉬운 방법이다. 바보도 할 수 있다. 바보도 할 수 있기 때문에 반드시 여러분의 가격을 밑도는 금액을 제시하는 바보가 등장한다. 또 계속 '싸게' 판매하면 가격경쟁에 돌입한다. 이 경쟁은 규모에 의해 승패가 정해진다. 대형 판매점을 적으로 돌려 경쟁하게 된다면 죽창으로 전투기를 떨어뜨리려는 행위와 같다. 원시인의 전법이기 때문에 당연히 시도조차 하지 말아야 한다. 그렇다면 어떻게 해야 현명할까?

고객은 구입하려는 상품이나 서비스의 가치가 지불하는 금액보다 높다고 느껴졌을 때 구매를 결정한다. 따라서 상품을 판매하는 방법은 2가지가 있다는 사실을 알 수 있다.

① 지불하는 금액을 낮춘다. 즉, 할인을 한다.

② 상품이나 서비스의 가치를 높인다.

①의 방법은 앞에서 설명한 대로 원시인의 방법이다. 그렇다면 ②의 방법이 좋을 것이다. 그렇다. 간단한 문제였다. 상품이나 서비스의 가치를 높이면 가격을 높게 설정해도 된다.

"무슨 말이야? 그럼 원가가 올라가서 이익이 줄어드는데?"

이렇게 생각할 수도 있다. 역시 여러분은 현명하다. 냉정한 판단력을 갖추고 있다.

사실 가치에는 두 종류가 있다. 절대적인 가치와 고객이 느끼는 가치다. 절대적인 가치는 가격표에 쓰여 있는 가격이다. 즉, 판매자가 정한 가치다. 예를 들어, 넥타이라면 1개에 3천 엔이라는 식의 개별 상품 가격이다. 한편 고객이 느끼는 가치는 "이건 이득인데."라거나 "이걸 구입하면 손해야."라는 식으로 고객의 가치관과 관련이 있다. 즉, 구매자가 느끼는 가치는 반드시 가격표와 일치하지 않는다. 이렇게 생각하면 고객이 느끼는 가치가 절대적인 가치를 웃돌 때 구매가 이루어진다는 사실을 알 수 있다.

“그렇다면 고객이 느끼는 가치를 높이면 원가는 같아도 비싼 가격을 설정할 수 있다는 말이군. 이건 좋은 방법인데.”

그렇다. 문제는 ‘어떻게 하면 고객이 느끼는 가치를 높일 수 있을까?’ 하는 점이다.

고객이 느끼는 가치를 높이는 방법

여러 가지 방법이 있지만 2가지 예를 들어보자. 해외여행을 갔을 때 면세점에 들렀더니 '넥타이 3개를 구입하면 1개를 무료로 더 드립니다!'라는 이벤트가 눈에 들어온다. 그것은 결국 25%를 할인해준다는 뜻이다. 하지만 '넥타이 25% OFF'라고는 절대로 쓰여 있지 않다.

왜 그럴까? '1개를 무료로 더 드립니다!'라는 쪽이 '25% OFF'보다 구매율을 높인다는 실증 데이터가 있기 때문이다. 이것을 앞에서의 이야기로 치환해 본다면 똑같은 상품이라도 '1개를 무료로 더 드립니다!'라는 쪽이 고객이 느끼는 가치를 높이는 것에 해당한다. 나아가 TV 홈쇼핑을 떠올려보자. 전형적인 판매 패턴은 이렇다.

여: 이제 마음에 걸리는 가격이 문제인데요.

남: 지금 사시면 이 고급 카메라가 단돈 19,800엔입니다.

여: 우와, 그래요? 이렇게 싸게 팔아도 되나요?

남: 할인가입니다. 더구나 지금 구입하시면 이 망원렌즈와 스탠드를 무료로 드립니다.

이걸 보면 누구나 '덤을 줄 바에는 차라리 그만큼 가격을 낮추지…'라고 생각한다. 그러나 TV의 비싼 홈쇼핑을 이용하는 회사는 바보가 아니다. 당연히 가격을 낮추는 경우와 덤을 무료로 주는 경우의 매출을 비교해 본다. 그럴 경우, 덤을 주는 쪽이 매출이 높다는 결론이 나온다. 이 경험적 법칙은 예전부터 변하지 않는다. 즉, 덤은 절대적인 가치 이상으로 고객이 느끼는 가치를 높여준다.

이런 예를 통해서도 알 수 있지만 '싸게 파는' 것만이 능사는 아니다. 싸게 파는 건 간단하다. '25% OFF'를 '40% OFF'로 하는 건 숫자를 바꾸기만 하면 되기 때문에 머리를 쓸 필요도 없다. 그러나 돈을 벌 수 없다. 그리고 쓸데없는 소모전에 돌입한다. 정직한 사람이 실패하는 이유는 고객이 느끼는 가치를 높이려는 노력을 하지 않고 싸게 판매하는 데에만 집중하기 때문이다.

그들은 맹목적으로 '싸면 팔린다'라고 생각한다. 고객이 모이지 않는 것은 알고 있다. 하지만 가만히 있으면 불안하니까 계속 같은 행위를 반복한다. 이것은 사고 정지상태로 마약에 중독된 것과 같다. 이 악순환에서 빠져나오려면 두뇌를 회전시켜야 한다. 서비스를 부가하거나, 포장을 바꾸거나, 특전을 준비하거나, 구매를 하면 이익이 되는 이유를 생각하거나, 기간을 한정시켜 보거나…. 이런 식으로 고객이 느끼는 가치를 높이는 지혜를 짜내야 한다.

사람은 머리를 사용하는 것을 매우 귀찮아한다. 머리를 사용하는 것보다 몸을 움직이는 쪽이 5배는 더 편하기 때문이다. 그러나 악덕업자는 최대한 머리를 사용해서 나쁜 지혜를 짜낸다. 정직한 사람이라고 지혜를 사용하지 않아도 모든 일이 잘 풀린다는 특권은 없다.

정직한 사람이 실패하는 이유 ③

“고객의 욕구를 파악하면 팔릴 거야.”

성실하게 공부한 사람의 영업 스타일은 다음과 같다.

“바쁘신데도 불구하고 이렇게 귀중한 시간을 내주셔서 정말 감사드립니다. 제안서를 가지고 왔는데 우선 저희 회사에 관해서 설명을 드리고 싶습니다.”

이처럼 ‘○월○일 ○○회사 귀중’이라고 쓰인 봉투 안에 들어 있는 제안서를 꺼내 설명을 시작한다. 과거에는 이런 영업 스타일이 없었다. 그러나 컴퓨터가 생긴 이후부터는 공부 좀 한 사람들이 이런 방식으로 영업을 하려 한다. 이처럼 프레젠테이션을 실시하는 영업은 컨설턴트들이 자주 이용한다. 그러나 전혀 도움이 되지 않는다. 내가 실패해 보았기 때문에 잘 알고 있다. 이 방법은 사내에서 '유능한 사람', '성실하게 일하는 사람'이라는 인상을 심어주기 위해서라면 나름대로 도움이 된다. 그러나 비즈니스에서는 큰 도움이 되지 않는다. 왜 도움이 되지 않는 것일까?

여러분이 구매를 하는 입장이라면 어떨지 생각해보자. 이 멋진 프레젠테이션에 대해 어떤 감정을 느낄까? 여러분의 마음속을 들여다보면 이런 느낌일 것이다.

'흐음, 이 제안서 표지에는 우리 회사 이름이 적혀 있지만 내용물은 어떤 회사를 상대해도 마찬가지겠지. (중략) 그래, 나름대로 노력은 하고 있네. 우리 회사에 관해서도 꽤 조사를 한 것 같고. 하지만 역시 현장을 모르고 있어. 그게 문제야.'

이윽고 프레젠테이션이 끝나고 영업사원이 묻는다.

"어떻습니까?"

"멋진 프레젠테이션을 준비해주셔서 감사드립니다. 좋은 공부가 되었습니다. 다음에 또 뵙지요."

이것으로 정말 판매가 이루어질까? 왜 이런 결과가 나왔을까? 간단하다.

영업사원이 설명을 시작하면 그것만으로 거부감이 느껴진다. 사람은 누구나 판매를 위한 독선적인 화술을 싫어한다. 판매를 위한 독선적인 화술이 시작되면 마음에 드는 상품도 왠지 싫어진다. 그런데도 제안영업은 영업사원이 설명하는 방식으로 진행된다. "지금 프레젠테이션을 하고 있으니까 우선 내 이야기를 끝까지 들어보십시오."라는 것이다. 제안영업은 처음부터 단추를 잘못 끼우는 것이다. 제안영업은 앞으로의 영업을 더 어렵게 만드는 인간관계를 조성한다.

나는 판매하는 사람이고 여러분은 구매하는 사람이다. 구매하는 사람은 자연스럽게 판매자의 화술에 말려들어서는 안 된다는 감정이 생긴다. 즉, '이 사람을 가능하면 빨리 돌려보내야겠어.'라고 생각한다.

“

판매에 관한 근본적인 오해

”

영업사원은 왜 설명을 하려는 것일까? 판매에 관해 근본적인 오해가 있기 때문이다. 영업사원은 '인간은 논리적으로 판단하기 때문에 이론이 통하면 구입한다.'라고 믿는다. 그렇기 때문에 논리를 세우고 이론적으로 설득하려 한다. 하지만 인간은 이론을 바탕으로 상품을 구매하지 않는다. 감정을 바탕으로 구매한다. 그리고 그 후에 이론으로 정당화시킨다.

예를 들어, 자동차를 구매하고 싶은 마음이 생기면 전시장으로 간다. 이때는 이미 이 자동차가 필요하다는 감정이 존재한다. 전시장으로 가는 것은 필요한 이유를 정당화하기 위해서다. 영업사원에게 질문을 하고 "역시 이 자동차는 최고야."

라고 납득하기 위해서다. 이처럼 원한다는, 필요하다는 감정이 먼저다. 그 감정을 정당화하기 위한 이유가 이론이다. 이 순서를 착각하면 치명적인 결과를 낳는다.

고객에게 원하고 필요하다는 감정이 발생하기 전에 판매를 하려 할 경우, 고객 측에는 순간적으로 불매심리가 고개를 치켜든다. 가능하면 여러분의 설명을 듣지 않으려 한다. 고객의 입장에서 볼 때 영업사원은 악마다. 그렇기 때문에 가능하면 빨리 그 장소를 벗어나려 한다.

하지만 고객 쪽에 '원한다'는 감정이 있는 경우에는 반대의 결과가 나온다. 영업사원은 무엇이건 친절하게 가르쳐주는 사람, 행복을 안겨주는 천사가 되는 것이다. 이처럼 판매 타이밍을 약간 그르치는 것만으로 전혀 다른 관계를 구축하게 된다.

그런데 제안영업은 이 타이밍을 그르치는 경우가 많다. 감정을 완전히 무시하고 논리를 내세워 이론을 전개하려 한다. 처음부터 '우리 회사는 멋지다.', '이 상품은 훌륭하다.'라는 식으로 시작한다. 그럴 경우, 단번에 불매심리가 형성되어 버린다. 그렇게 한번 형성된 장벽을 허무는 것은 쉬운 일이 아니다.

유능한 영업사원은 많은 말을 하지 않는다

그렇다면 영업사원은 어떻게 해야 좋을까?

사실 유능한 영업사원을 분석해보면 공통된 특징이 있다. 대부분 많은 말을 하지 않는다는 것이다. 많은 말을 하지 않고 어떻게 계약을 성사시킬 수 있을까? 사실 여기에는 비밀이 있다. 나도 이 테크닉을 자주 사용하고, 고객과 즐겁게 계약이 성사된다.

우선 "고객님은 어떤 상품을 원하십니까?"라고 묻는다. 그리고 "이런 문제 때문에 곤란해서 이러이러한 것을 원합니다. 가격은 이 정도면 좋겠습니다."라고 고객 쪽에서 말을 하게 만든다. 이쪽이 계약이 이뤄질 확률이 높다. 왜냐하면 고객이 말을 하는 동안에 '그 상품을 원한다.'라는 감정이 형성되기 때문이다. 즉, 자기 설득을 하게 되는 것이다. 신기하게도 이쪽에서 말을 하지 않고 상대방이 말을 하게 하면 신용을 얻기 쉽다. "흐음, 여러분은 우수한 영업사원입니다. 전망이 있어요."라는 말을 흔히 듣는다.

정직한 사람은 "열심히 노력하면 설득할 수 있어.", "멋진 프레젠테이션을 실시한다면 구매해 줄 거야."라는 식으로 생각한다. 그래서 밤을 새워가며 제안서를 만든다. 그러나 고객은 그런 것을 바라지 않는다. 제안서는 영업사원이 돌아가면 즉시 쓰레기통으로 직행한다. 운이 좋다 해도 파일 더미 안에 파묻히게 될 뿐이다.

거기에 비해 악덕업자는 상대방에게 신용을 얻기 위해 처음에는 끈질기게 매달리는 모습을 절대로 보이지 않는다. 상대방에게 신용을 얻은 이후에 다음 단계로 들어간다. 감정을 자극해서 구매 동기를 높이고 상대방이 자기 설득을 하도록 유도한다. 어느 쪽이 성공률이 높을까.

물론, 악덕업자가 되라는 말은 아니다. 그러나 그들의 영업 방식에는 분명히 정직한 사람에게 공부가 되는 수많은 힌트들이 존재한다.

정직한 사람이 실패하는 이유 ④

"고객의 마음에 들면 팔 수 있을 거야."

나의 영업 비결을 소개한다.

독립한 지 3개월 후, 일이 없어서 다음 달이면 저축해 놓은 돈도 바닥이 날 처지였다. 당시 처음으로 나의 영업용 광고를 신문에 실었다. '무료 리포트를 드립니다.'라는 내용이었다. 물론, 그 리포트를 읽어주는 사람 중에서 클라이언트를 확보하겠다는 생각이었다. 예상대로, 몇 명으로부터 리포트 요청이 들어왔다. 그들에게 리포트를 보냈다. 내가 만든 구조가 제 기능을 한다면 상대방으로부터 전화가 걸려 올 것이다. 일이 필요하다. 이대로 가면 아내와 두 아이는 거리에 나앉아야 할 판이다.

시간이 흘러 기다리고 기다리던 전화벨이 울렸다.

"개별적으로 고문이 되어주실 수 있습니까?"라고 어떤 사장이 건 전화였다. 나는 하늘로 뛰어오르고 싶은 심정이었다. 그러나 냉정을 되찾고 이렇게 말했다.

"아, 이미 스케줄이 차 있어서요. 비디오가 있으니까 우선 이것을 보시지요."

사실 스케줄은 텅텅 비어 있었다. 나도 "그렇습니까? 감사합니다. 그럼 방문을 할 테니까 언제가 편하신지 말씀해주십시오."라고 말하고 싶었다. 하지만 목구멍까지 올라오는 그 말을 간신히 눌러 참았다. 왜 이런 기묘한 행동을 했을까?

"감사합니다. 언제든 원하시는 시간에 찾아뵙겠습니다."라고 꼬리를 흔들면서 상대방을 찾아가면, 대부분 이런 전개가 펼쳐진다. "아, 네. 말씀 잘 들었습니다. 일단 이해했으니까 다시 연락을 드리도록 하지요." 이런 식의 비참한 결과를 나는 몇 번이나 경험했다.

컨설턴트는 변호사와 마찬가지로 시간을 소비하는 비즈니스다. 그렇기 때문에 "아, 네. 말씀 잘 들었습니다."라는 식의 칭찬만으로는 먹고살 수가 없다. 확실하게 청구서를 제시할 수 있도록 만들어야 한다. 그래서 나는 '사람을 무료로 만나서는 안 된다.', '무료로 조언을 해서는 안 된다.'라는 규정을 만들었다. 그런데 이 규정을 지키자 믿을 수 없는 일이 일어났다. 일이 쇄도한 것이다. 일을 거절하면 일이 들어온다.

상식적으로는 믿기 어려울지 모르지만, 여러분도 해보면 그 효과를 즉시 깨달을 것이다. 실제로 나의 클라이언트는 반드시 한 번은 거절을 당한 경험을 가지고 있다. 거절하는 것이 목적은 아니지만, 책임을 지고 지도할 시간을 확보할 수 없었기 때문에 거절한 것이다. 그러나 그 후에 '이번엔 제발….'이라고 부탁을 해 오는 경우가 많다. 클라이언트로서는 한 번 거절을 당하면 감정적으로 "어떻게든 그 선생님과 상담을 해보고 싶다."라는 마음이 생기는 듯하다.

이것을 심리학에서는 '희소성의 법칙'이라고 한다. 요컨대 손에 넣기 어려운 것은 더욱 가지고 싶어 한다는 법칙이다.

약자는 불평등조약을 체결한다

'컨설턴트는 유리한 입장에 놓여 있으니까 거절할 수가 있는 거지.'라고 생각할지 모른다. 하지만 그렇지 않다.

나는 전에 외국계 가전제품 회사에 근무했다. 대형 수입 냉장고나 식기세척기를 판매했다. 일본의 파나소닉만큼 큰 회사다. 그러나 일본에서는 인지도가 거의 없는 기업이었다. 미팅을 잡는 것조차 쉽지 않았다. 하나의 거래처라도 절실했다.

그때, 어떤 거래처로부터 간사이의 가전제품 판매 기업 이사를 소개받았다. 미팅은 쉽지 않았다. 그 이사는 처음부터 내가 판매하려는 상품이 일본에서는 왜 팔리지 않는지 설명하기 시작했다.

나는 듣는 역할로 돌아섰다. 1시간 정도 흘렀을까? 팔리지 않는 이유에 관해서는 충분히 들었고, 상대방은 거래에 흥미가 전혀 없어 보였다. 그래서 나는 미팅 노트를 덮으며 대놓고 돌아갈 준비를 했다. 그때, 상대방의 태도가 확 변했다.

"아, 지금까지 저만 이야기를 했군요. 그쪽 이야기도 듣고 싶은데 하시고 싶은 말씀이 있으시면 해보시지요."

그래서 나는 설명했다.

"간사이 지역의 가전제품 판매 기업 중에서 전략 파트너 하나를 찾고 있습니다. 그래서 이렇게 상담을 했는데 관심이 있으신지요? 관심이 없으시다면 상관없으니까 정확하게 관심이 없다고 말씀해주시면 감사하겠습니다."

나는 전혀 흥미가 없다는 표정으로 그렇게 말했다. 그러자 믿을 수 없는 전개가 펼쳐졌다.

"아, 물론 흥미가 있습니다. 이번에 본점을 새롭게 수리해서 오픈하는데 그 주력 품목으로 선택하고 싶습니다."

그 후, 이사는 자신의 회사와 거래를 하면 어떤 이익이 있는지에 관해서 설명하기 시작했다. 그리고 30분 후에는 "다음에 오실 때는 계약서를 작성합시다."라는 약속까지 잡을 수 있었다.

분명히 내가 노트를 덮었을 때를 기점으로 미팅의 흐름이 크게 변했다. 즉, 을의 입장에 놓인 미팅에서도 거절을 하면 미팅의 흐름을 바꿀 수 있다. 영업사원이 하는 일은 상대방의 마음에 드는 게 아니다. 판매를 하는 것이다. 그것뿐이다.

하지만 상대방의 마음에 들어야 하는 것이 영업의 철칙인 것처럼 여겨지고 있다. 그래서 정직한 사람은 고객에게 호감을 얻으려고 온갖 노력을 기울인다. 고객이 부르면 이쪽 상황은 어떻든 꼬리를 흔들며 달려간다. 그것이 '고객은 신, 나는 노예'라는 관계를 만들어 버리고 역효과를 낸다. 그런 관계를 만들어 버리면 고객에게 '무슨 행동을 해도 당연하다.'라는 심리를 구축해주기 때문이다. 즉, 불평등조약을 체결하는 것이다.

비즈니스 파트너로서 서로 도움이 되는 관계를 만들 수 있는 방법은 무엇인지를 냉정하게 꿰뚫어 볼 수 있어야 한다. 불평등조약은 한 번 체결이 되어 버리면 어지간해선 풀기 어렵다.

정직한 사람이 실패하는 이유 ⑤

“전단을 배포해도 반응이 없어. 이건 우리 회사가 유명하지 않기 때문이야.”

뿌리 깊은 미신이 하나 있다.

“우리 회사는 유명하지 않아서 전단지를 아무리 돌려도 반응이 없어.”

이 회사는 실제로 몇 번이나 전단지를 배포했지만 실패만 맛보았다. 하지만 안심해도 된다. 전단지는 대기업이 배포해도 반응이 나쁘니까. 전단에 대한 반응은 어떤 것일까?

어디까지나 숫자에 관한 이야기이지만 리모델링과 관련된 전단이라면, 5~7천 매를 배포했을 때 문의가 들어오는 경우는 1건 정도이다. 주의해야 할 점은 이것은 계약 성사가 아니라 문의라는 것이다. 주택의 경우에는 1만~1만 5천 장을 배포하면 한 명 정도가 견본 주택을 방문한다. 학원이라면 1~2만 장 정도 배포했을 때 1명의 학생이 등록을 한다. 마트의 경우에는 100장에 1~5명 정도가 매장을 방문한다. 그러나 이 숫자를 좀 더 세밀하게 살펴보면 결국, 기존의 고객을 다시 불러들일 뿐이다. 기존의 고객이 다시 찾아오게 하는 것이라면 굳이 전단을 사용하지 않아도 DM 쪽이 보다 효율적이다. 그래서 전단에 의해 신규 고객이 어떻게 모이는지를 파헤치면 식은땀을 흘리는 경영자들이 속출한다.

이처럼 업계에 따라 전단지에 대한 반응률은 다르다. 물론 반응률은 업계 이외에도 다양한 요인이 복잡하게 얽히면서 달라진다. 어쨌든 전단은 효율성이 매우 떨어진다. 그렇기 때문에 유명한 기업이어야 전단을 뿌리면 전화가 빗발치듯 걸려온다는 것은 잘못된 생각이다. 만약 유명한 기업이라는 이유에서 전단에 대한 반응이 높아진다면 유명한 기업들은 당연히 전단을 최대한 활용할 것이다. 하지만 실제로 유명한 기업에서는 전단을 거의 배포하지 않는다.

판매자 감정과 구매자 감정의 차이

"전단지를 배포해도 반응이 없어."라고 고민하는 회사는 흔히 이런 착각을 하고 있다.

① 전단지 효율성의 평균치를 모르기 때문에 1,000장을 뿌리고 전혀 반응이 없으면 포기한다. 하지만 이 정도 매수로는 당연히 전화가 전혀 걸려 오지 않는다.

② 다른 회사와 비슷한 전단지를 다른 회사와 비슷한 방식으로 배포해서는 다른 회사와 비슷한 결과밖에 얻을 수 없다. 당연하다.

③ 전단지를 만드는 방법이 고객의 감정과 너무 동떨어져 있기 때문에 고객이 전화를 걸어 오지 않는다.

①, ②번의 차이는 현실적인 평균치를 알고 있으면, 자신에게만 전화가 걸려 오지 않는다고 생각했던 것이 단순한 피해망상이었다는 사실을 이해할 수 있다. 문제는 ③번이다. 99%의 회사가 이걸 모른다. 그렇기 때문에 최소한의 반응밖에 얻지 못한다.

전단지 관련 스터디 모임을 했을 때의 일이다. 도쿄 쪽 지방 주택 건설회사의 전단지를 오사카에 가지고 갔다. 그리고 그 전단의 감상을 오사카에 있는 몇 개의 주택 회사에 물어보았다. 그러자 오사카의 회사들은 불같이 화를 냈다.

"이건 사기입니다. 이런 비즈니스는 할 수 없습니다. 이 정도의 주택을 이 가격으로는 도저히 지을 수 없습니다."

실제로 도쿄 쪽 주택 회사가 사기를 친 것은 아니다. 피나는 노력을 기울여 가격을 낮춘 것이다. 내가 재미있게 느낀 것은 오사카의 주택 회사가 타사의 전단지를 본 관점이다. 어떤 관점일까. 우선 상품의 사양을 본다. 그리고 가격과의 균형을 생각한다. 즉, 상품의 품질과 가격으로 전단지의 반응이 결정된다고 생각한다. 이것은 큰 착각이다. 고객은 그런 관점으로 전단을 살펴보지 않기 때문이다. 그렇다면 어떤 관점으로 볼까?

이것은 상품의 품질 이전의 문제다. 고객은 전단을 활짝 펼

친 순간, 이 전단을 살펴볼 것인지 아니면 쓰레기통에 버릴 것인지를 결정한다. 더구나 그것을 감정적으로 판단한다. 고객의 머릿속에서는 이런 질문이 떠오른다.

"나는 이 회사에 건축을 맡겨야 할까?"

이처럼 '맡겨야 할까?' 하는 호불호를 기준으로 판단한다. 이 몇 초, 고객이 좋고 싫고를 바탕으로 좋은 쪽을 선택하지 않으면 여러분의 전단은 쓰레기통으로 직행한다. 물론 반론도 있다. 전형적인 반론은 이것이다.

"호불호를 기준으로 전단을 보는 고객은 수준이 높은 고객입니다. 현실적으로 대부분의 고객은 가격이 낮으면 일단 흥미를 가지고 달려듭니다."

그렇다. 확실히 가격이 낮으면 달려드는 경우도 있다. 그러나 문제는 정말로 달려드는가 하는 것이다. 가격이 낮을 경우 확실하게 고객이 달려든다면 문제는 간단하다. 단순히 가격을 낮추면 된다. 이 책을 읽을 필요도 없다. 하지만 요즘은 가격이 낮다고 해도 달려들지 않는 경우가 많다. 달려든다고 해도 질 나쁜 고객이 많다. 질 나쁜 고객은 꾸준하지 않다. 재구매를 하는 고객이 되기 어렵다. 지속적으로 관계를 유지하기 어렵기 때문에 수익률이 떨어진다.

한편 대기업과의 가격경쟁이 심해질 뿐이다. 그 결과, 고객 모집은 더욱 어려워진다. 그리고 "이렇게 가격을 낮추었는데 한 명도 찾아오지 않다니…."라고 한탄하는 수렁에 빠진다. "언제쯤 편안해질까."라는 불안에 휩싸여 매일을 보낸다.

이런 인생은 여러분의 경쟁자에게 양보해야 한다. 이 책을 집어 든 현명한 여러분에게는 다른 인생이 기다리고 있다. 낮은 가격에 의존하지 않고 전단지의 효율성을 높이려면 어떻게 해야 할까?

앞에서 말한 대로 고객은 호불호를 기준으로 전단을 판단한다. 호불호는 감정이다. 그렇다면 포인트는 고객의 감정을 움직이는 것이다.

“

고객의 감정은 기계적으로 움직인다

”

언뜻, 감정을 움직인다고 하면 어려운 일처럼 들린다. 그러나 전단을 포함한 광고의 반응을 수치로 살펴보면 의외로 고객의 감정은 기계적으로 움직인다는 사실을 알 수 있다. 기계적이란 어떤 의미일까. 어떤 스위치를 누르면 고객이 기계처럼 예상된 행동을 한다는 것이다. 그렇다면 그 스위치는 무엇일까?

하나의 예로 '인간관계를 판매한다.'라는 테크닉이 있다. 상품을 판매하기 전에 자신을 파는 것이다. 나아가 회사의 철학과 신념을 판다. 산뜻함은 없다. 반대로, 끈끈한 인간관계를 전면에 내세운다. 이 연구만으로 전단지의 반응이 40배로 향상된 사례도 있다.

어떤 재활병원이 1만 5천 장의 전단을 배포했다. 내용은 '요통, 어깨결림 때문에 고민이신 분'이라는 카피에 예약 전화번호와 재활병원의 장소, 지도가 들어가 있다. 특별할 것이 전혀 없는, 상품만을 전면에 내세운 전단이다. 모인 고객은 한두 명뿐이었다. 하지만 그 전단에 인간다움을 불어넣는 연구를 한다.

원장의 얼굴 사진을 넣는다. 웃는 표정을 짓고 있다. 직원들의 얼굴 사진도 싣는다. 나아가 고객들의 후기도 싣는다. 그리고 다시 1만 5천 장의 전단을 배포했더니 40명의 고객이 모였다. 왜 이렇게 차이가 나는 것일까?

한마디로 말하면 인간다움이 넘치는 전단을 통해 이 재활병원에서는 배려와 안도감을 얻을 수 있고 고객에게 전달할 수 있었기 때문이다. 고객은 여러 가지 의문을 품는다.

"이 선생님은 실력이 있을까?"

"무섭지 않을까?"

"아프지 않을까?"

인간다움이 실린 전단은 이런 의문에 미리 답을 해준다. 경험이 풍부해 보이는 선생님과 친절해 보이는 직원들 그리고 다양한 환자들의 만족스러운 경험담. 고객에게는 '여기라면 괜찮겠다.'라는 감정이 샘솟는다. 그래서 전화를 거는 행동으로 이어진다. 이것은 업계가 바뀌어도 마찬가지다. 상품 이전에 안도감과 친근감을 팔아야 한다.

하지만 일반적인 전단은 상품을 파는 것만 생각한다. 내용의 90%는 상품의 장점과 낮은 가격이다. 이것이 가장 큰 착각이다. 상품을 설명하는 타이밍이 고객의 감정과 일치하지 않기 때문이다.

고객은 원한다는 감정이 생겼을 때, 비로소 상품에 관한 설명을 요구한다. 그 순서가 바뀌면 안 된다. 고객은 원하지 않을 때 상품에 관한 설명을 들으면 상대방의 화술에 말려들지 않기 위해 긴장을 하고 장벽을 친다.

악덕업자가 돈을 버는 이유는 상품을 팔기 전에 인간관계를 팔기 때문이다. 악덕업자는 상품에 관한 이야기를 하지 않는다. 상품에 관해서 설명하면 품질이 나쁘다는 사실이 드러나기 때문이다. 그래서는 아무도 구매하지 않는다. 때문에 상품을 파는 대신 우선 자신을 믿게 만드는 데에 주력한다. '이 사람에게 구매하는 상품이니까 믿어도 돼.'라고 생각하도록, 우선 자신을 믿게 만든다.

'상품을 팔기 전에 자신을 판다.'는 이 원리원칙은 영업사원뿐 아니라 전단이나 광고에서도 마찬가지로 적용된다. 전단이건 영업사원이건 판매를 목적으로 삼는 한, 구매로 이어질 때까지 고객의 감정을 무시해서는 안 된다. 고객의 감정을 무시하고 상품 판매에만 열을 올리면 반응률이 급격히 떨어진다.

'우리 회사는 유명하지 않기 때문에 전단이나 광고에 반응이 없다.'라고 생각하는 것은 피해망상이다. 반응이 없는 이유는 고객의 감정에 맞는 내용이 아니기 때문이다. 고객의 마음과 광고 내용이 일치할 때 반응은 비약적으로 올라간다.

정직한 사람은 이렇게 하면 선두에 설 수 있다

지금까지 악덕업자가 돈을 벌고 정직한 사람이 실패하는 이유에 관해 설명했다. 그 이유를 한마디로 말하면 악덕업자는 나쁜 상품을 취급한다는 것이다. 그런 만큼 판매방법으로 커버해야 한다. 그래서 판매방법에 대해 철저하게 연구한다.

반면 정직한 사람은 매우 우수한 상품을 가지고 있다. 그 때문에 상품의 능력에만 의존해 판매방법에 관한 연구를 게을리한다. 그것이 실패의 원인이다. 내가 악덕업자 편을 들고 정직한 사람에 문제가 있다고 지적하는 이유는 정직한 사람이 너무 안타깝기 때문이다. 정직한 사람은 좋은 상품을 가지고 있다. 판매방법만 진지하게 연구한다면 얼마든지 선두에 설 수 있다. 정직한 사람이 가진 성실함과 신용은 긴 시간을 들여 얻은 것이다.

그에 비해 판매방법은 단순한 기술론이다. 기술론은 단기간에 배울 수 있다. 정직한 사람들은 단기간에 배울 수 있는 그 기술이 없어서 큰 이익을 놓치고 있다.

지금까지는 판매방법에 관한 기술론을 거의 배울 수 없었다. 아니, 배웠을 수도 있다. 예의 바른 접객, 영업용 화술. 그러나 그런 내용들이 성숙된 시장에서는 별 도움이 되지 않는다. 고객이 구매를 결정하기까지의 과정에서 가장 중요한 개념이 빠져 있기 때문이다. 그 개념은 감정이다.

영업활동에서 가장 중요한 것은 고객의 감정적인 반응(Emotional Response)을 일으키는 것이다. 그리고 이 방법을 이해하게 되면 여러분이 전혀 몰랐던 새로운 세상이 눈앞에 펼쳐진다.

고객을 사로잡는 성공 포인트

- 반응률은 상품의 라이프 사이클에 따라 크게 좌우된다.
- 고객이 느끼는 가치가 상품의 절대적인 가치를 웃돌 때 구매가 일어난다.
- 유능한 영업사원은 많은 말을 하지 않는다.
- (고객은) 손에 넣기 어려운 상품을 가지고 싶어 한다.
- 고객의 감정적인 반응을 일으키는 것이 중요하다.

2장

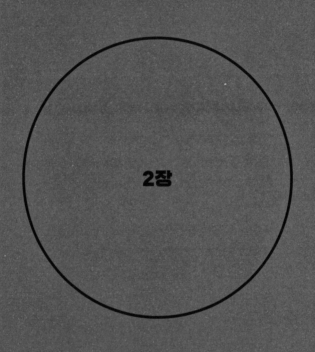

엘리트의 고백:
엘리트는 이런 식으로
여러분을 함정에 빠뜨린다

엘리트가 자수성가한 경영자를 망가뜨린다

학력과 경영 감각은 서로 관련이 있을까?

물론이다. 반비례한다.

한 세대에 사업을 일군 사람의 학력을 살펴보면 알 수 있다. 유명 대학을 졸업한 사람은 보기 드물고, 고졸, 대학 중퇴, 무명 대학 졸업 등의 학력을 가진 사장들이 많다. 그들은 나름의 방식으로 엄청난 매출을 올린다. 따라서 비즈니스 감각을 갖춘 사장이라면 학력이 높은 사람의 이론만 앞세우는 조언이나 충고 따위는 들을 필요가 없다. 그러나 제대로 공부를 하지 못했다는 열등감 때문인지 학력을 갖춘 사람의 이야기에 가치가 있다고 착각해 자신의 타고난 감각을 잃어버리고 엘리트들이 만들어 놓은 함정에 빠져 버린다.

후쿠오카에 뛰어난 사업 감각을 가진 사장이 있다. 외식업체 체인점 사장인 그는 붐을 일으키는 데에 그야말로 천재적이다. 학창 시절부터 사업을 시작해서 단기간에 연매출 50억 엔을 자랑하는 기업을 일궜다. 하지만 천재적인 능력을 갖춘 그도 실적이 거의 오르지 않은 시기가 있었다. 그는 나의 세미나에 참석했을 때 이런 말을 했다.

"선생님의 말씀, 잘 이해했습니다. 사실 창업 초기에는 저도 선생님 말씀처럼 행동했습니다. 그래서 회사 전체가 들뜨고 설렌 분위기였지요. 그 후, 어느 순간부터 그때의 감각과 감정을 완전히 잊고 있었는데 이번에 선생님을 뵙고 제 방식이 옳다는 사실을 새삼 깨닫게 되었습니다."

그리고 기분 좋게 돌아갔는데 다음 주에 고객이 2배 이상으로 증가해 자신감을 되찾았다는 말을 듣고 정말 잘됐다는 생각이 들었다. 그런데 왜 이런 천재성을 갖춘 사장이 집객의 비결을 잊고 있었던 것일까? 원인 중의 하나는 외부의 잡음이다.

수십억 엔의 매출을 올리는 사장이 되면 주변 사람들이 가만히 내버려두지 않는다. 여기저기에서 달려들어 어떻게든 이익을 나눠 가지려 한다. 컨설턴트나 벤처기업 투자 전문가

들도 하이에나처럼 몰려든다. 나름대로 학력이 높은 그들은 '전략이 명확하지 않다.'거나 '초보적인 경영에서 벗어나야 한다.', '나스닥에 상장해야 한다.'라는 식으로 각자 의견을 제시한다.

그때 그 조언이나 충고를 따르면 그야말로 교과서적인 기업이 되어 처음에 갖추고 있던 독자적인 재미를 잃어간다. 그 결과, 고객이나 사원에게도 재미가 없는 회사로 전락하면서 실적이 떨어진다.

이런 식으로 엘리트들의 먹이가 되어 버린 경영자가 정말 많다. 사실 나는 나름대로 학력이 높은 편이다. 그래서 진실을 고백하지만 이런 사람들이 하는 말에는 귀를 기울일 필요가 없다. 왜냐하면 교과서의 지식은 도움이 되지 않기 때문이다. 중학교에서 배운 이차방정식의 근의 공식과 마찬가지로 도움이 되지 않는다.

하지만 수려한 외모에 높은 학력을 내세우면서 '캐시플로우(Cash Flow)다, 지식 경영(Knowledge Management)이다, 서플라이 체인 매니지먼트(Supply-Chain Management)다.' 하는 식으로 복잡한 단어들을 늘어놓으면 학력이 없는 사람은 "역시 들어볼 가치는 있는 것 같아."라고 착각한다. 그러나 귀를 기울이는 만큼 시간 낭비다.

얼마나 시간 낭비인지, 확인하기 위해 지금부터 나름대로 엘리트 출신인 내가 그 내막을 밝혀보겠다.

일류 컨설턴트의 실력은 변변치 않다

몇 년 전, 초일류 컨설팅 회사에 근무하던 컨설턴트가 인터넷 관련 사업을 시작하겠다며 퇴사 후 창업을 했다. 시장 조사를 마치고 데이터를 바탕으로 마케팅 전략을 짰다. 재무계획을 세우고 자금 운용 방법을 분석했다. 또 시뮬레이션을 통해 리스크를 관리할 방법도 마련했다. "몇 년 후에는 장외시장에 상장을 할 거야."라고 큰소리치면서.

이 사업계획을 근거로 동료들을 모으고 사무실을 계약했다. 상품을 개발하고 기업 안내문도 만들었다. 그러나 고객은 모이지 않았다. '어떻게든 클라이언트를 확보해야 한다'는 생각에 전화번호부를 뒤져 닥치는 대로 전화를 걸어댔다. 수천 개의 회사에 전화를 걸었지만, 계약은 이루어지지 않았다. 방문 약속조차 잡히지 않았다. 그로부터 반년 후, 회사는 문을 닫았다.

이른바 경영 컨설턴트의 기술은 고작해야 이 정도다. 아무리 일류 회사의 컨설턴트였다고 해도 직접 사업을 할 때는 초보자나 마찬가지다. 아니, 일류일수록 현실적인 비즈니스를 성립시키는 능력은 부족하다.

내가 전에 컨설팅 회사에 근무했을 때 전혀 능력을 발휘하지 못했기 때문에 잘 알고 있다. 나는 한때 외국계 컨설팅 회사에서 일한 적이 있다. 그때 일본에서 클라이언트를 늘리기 위해 유료 세미나 개최를 기획하고 고객 모집을 위해 직접 DM을 제작했다. 꽤 많은 시간을 들여 컨설팅 회사다운, 수준 높은 DM을 완성했다. 그리고 대상이 될 듯한 회사를 선별해 3천 개 정도의 DM을 발송했다. 상사는 "어떤 결과가 나올지 기대가 되는데?"라며 흥미를 보였다.

하지만 당시에 나는 너무 안일했다. DM의 반응률이 1~3%라는 것을 순진하게 믿고 '최하인 1%라고 해도 30개 회사는 반응이 올 거야.'라고 생각했다. 하지만 결과는 단 1건뿐이었다.

이처럼 컨설턴트라는 존재는 스스로 고객을 확보하는 지

식이 거의 없다. 한번 확보된 고객을 대상으로 이런저런 수법을 사용하여 계약을 연장시키는 능력은 뛰어나지만, 신규 고객을 확보하는 능력을 갖춘 컨설턴트는 보기 드물다.

이것은 컨설턴트 업무를 담당하는 중소기업진단사(일본의 경영 컨설턴트 국가자격)를 보아도 알 수 있다. 그 자격을 딴다고 일을 할 수 있는 것이 아니다. 현실적으로, 지방 컨설턴트의 평균 연봉은 400만 엔 정도다. 즉, 자신의 연봉도 늘리지 못하는 컨설턴트가 다른 사람의 경영을 지도한다는 것이 경영 컨설턴트의 실태다.

좋은 컨설턴트, 나쁜 컨설턴트를 구별하는 간단한 방법

규모가 큰 컨설팅 회사와 의논하면 계약이 이루어질 때까지 매우 우수한 1등 컨설턴트가 나온다. 우수한 컨설턴트는 결국 우수한 세일즈맨이기 때문에 고객을 상대로 영업활동을 하느라 바쁘다.

그런데 계약 후에 실무를 담당하는 사람은 입사 2~3년 정도 되는 젊은 컨설턴트다. 젊은 컨설턴트는 분석은 할 줄 알지만 실무 경험이 거의 없다. 클라이언트 쪽 실무자에게 이것저것을 물어보고 그 결과를 정리해서 보고한다. 그리고 수백만 엔을 청구한다. 미국 농담 중에 이런 말이 있다.

여행자: (자동차로 농장을 방문해서 농부에게 말을 건다.) 내기 한 번 하시겠습니까? 당신 농장에 양이 몇 마리 있는지 내가 맞춘다면 양을 한 마리 주십시오. 어떻습니까?

농부: 좋습니다. 맞춰보시지요.

여행자: 257마리입니다.

농부: 그걸 어떻게 알았습니까. 정확합니다. 그럼 이렇게 하지요. 내가 당신의 직업을 맞춘다면 당신의 저 멋진 스포츠카를 주시겠습니까?

여행자: 좋습니다.

농부: 당신은 컨설턴트입니다!

여행자: 그걸 어떻게 알았습니까?

농부: 그야 초대하지도 않았는데 갑자기 찾아왔고, 내가 이미 알고 있는 것을 꽤 중요한 비밀이라도 알려주듯 가르쳐주었습니다. 더구나 돈(양)을 가져가지 않습니까!

이처럼 '컨설턴트는 사기꾼'이라고 생각하는 사람들이 적지 않다. 실제로 내가 하는 일을 생각하면 경계선이 매우 애매하다. 왜냐하면 전혀 보이지 않는 상품을 다루는 일이어서 가치가 없는 상품을 비싼 가격에 팔 수도 있기 때문이다.

눈에 보이지 않는 상품을 파는 비즈니스는 컨설턴트 이외에도 많이 있다. 보험이 그렇다. 그러나 보험은 계약을 하면 보험증권을 건네받는다. 그리고 실제로 문제가 발생한 경우에는 보장을 해준다. 세무사나 변호사도 눈에 보이지 않는 상품을 다루지만, 법률로 보수가 정해져 있어서 노동에 대한 명확한 대가를 받는다.

거기에 비해 컨설턴트는 보수에 대한 근거가 아무것도 없다. 분석 결과를 제출하면 그것으로 끝이다. 또는 이런저런 설명을 늘어놓고 그것으로 끝이다. 이처럼 컨설턴트가 진짜인지 사기꾼인지 알아보기는 정말 어렵다.

그러나 간단히 구별할 수 있는 방법이 있다. 이 질문을 던져보는 것이다.

"성과를 보증하실 수 있습니까? 만약 그렇게 하실 수 있다면 상당한 금액의 보수를 지불하겠습니다."

이 질문에 대해 "그게 무슨 터무니없는 말씀입니까?"라는 표정을 짓는다면 그 컨설턴트는 상대하지 않는 게 좋다. 왜냐하면 좋은 성과를 낼 수 없다는 사실을 스스로 잘 알고 있기 때문에 그런 표정을 짓는 것이니까. 이 제안을 받았을 때 진짜 컨설턴트는 눈이 빛난다. 왜냐하면 리스크는 크지만 시간급보다 성과급 쪽의 수익이 훨씬 크기 때문이다.

컨설턴트가 사기꾼이라는 소리를 듣지 않는 방법은 단 한 가지, 성과를 내는 것이다. 성과를 내면 사기꾼이 아니라 천재라고 불린다. 단, 실제로 진짜 컨설턴트, 즉 단기간에 성과를 낼 수 있는 컨설턴트는 매우 적다. 앞에서도 말했듯 컨설턴트라고 해도 고객을 모으는 일에 있어서는 초보자와 같기 때문이다. 현실적으로 자신의 비즈니스에서도 고객을 모으지 못한다.

이처럼 집객 문제는 의지할 수 있는 사람이 거의 없다. 그렇다면 여러분 자신이 본인의 컨설턴트가 되는 수밖에 없지 않을까?

비즈니스 스쿨은 도움이 되지 않는다: MBA의 진실과 거짓

MBA는 경영학 석사 학위다. 비즈니스 스쿨을 졸업하면 취득할 수 있다. 미국에서는 경영 간부가 되기 위해 빼놓을 수 없는 자격으로 MBA를 취득하면 취득 전과 비교할 때 평균 연봉이 300~500만 엔 차이가 난다. 특히 유명 비즈니스 스쿨을 졸업한 뒤의 평균 연봉은 가볍게 천만 엔을 넘는다.

일본에서도 MBA는 인기 있는 스펙이다. 경제경영 서적도 제목에 'MBA'라는 문자를 넣는 것만으로 판매가 부쩍 늘어난다고 한다. 나는 블룸버그 비즈니스위크 선정 전미 1위를 자랑하는 와튼스쿨의 MBA를 가지고 있다. 그렇기 때문에 진실을 말할 수 있는 권리가 있다고 생각하는데 MBA는 정말 도움이 되지 않는다. 현실적인 비즈니스에 있어서는 아무런 능력을 발휘하지 못한다. 분명한 사실이다.

MBA의 명예를 생각해서 말한다면 약간은 도움이 되는 부분도 있기는 하다. 사내에서 이론을 세우는 데에는 나름대로 도움이 되니까 회의를 할 때 꽤 멋진 기분을 맛볼 수 있다. 그리고 멋지다는 이미지가 있기 때문에 여성에게 인기를 얻는 데에 도움이 될 수도 있다. 그러나 아무리 애를 써서 생각해보아도 그 이상의 장점은 찾을 수가 없다.

나 역시 톱 랭킹의 MBA를 가지고 있으면서도 수렁에서 헤어나지 못했다. MBA를 취득한 이후에 취직한 컨설팅 회사에서는 구조조정을 당했다. 그 후, 어찌어찌해서 들어가게 된 가전제품 회사에서도 구조조정에 대한 불안 때문에 잠을 잘 수 없는 나날이 이어졌다. 아이가 갓 태어났을 때여서 다시 실직할 수는 없었다.

그래서 자세를 한껏 낮추고 영업에 나섰다. 냉장고를 팔기 위해 주부들을 찾아가 머리를 조아렸다. 대형 판매점 바이어에게는 "멍청아!"라는 핀잔도 들었다. 그런 과정을 거치면서 비즈니스 스쿨에서 배우지 못한 것 중에 중요한 것이 얼마나 많은지 조금씩 알게 되었다.

저자가 MBA를 취득한 와튼스쿨의 도서관에서 공부에 전념하고 있는 엘리트들(아무리 이론을 열심히 공부해도 현실 비즈니스에서는 아무런 도움이 되지 않지만…).

MBA는 왜 도움이 되지 않는 것일까?

비즈니스 스쿨에서는 완성된 사업을 분석, 관리하는 방법은 가르쳐도 새롭게 사업을 일으키는 기술에 관해서는 거의 가르쳐주지 않기 때문이다. 예를 들어, 냉장고를 판매한다고 하자. 비즈니스 스쿨에서는 어떤 식으로 접근할까.

우선 시장을 분석하기 위해 시장규모, 성장률, 시장침투율 등의 기본적인 시장의 데이터를 수집한다. 다음에 경쟁 상대를 분석한다. 경쟁 회사는 어떤 전략을 취하고 있는지, 경쟁 회사의 시장점유율, 강점과 약점 등을 조사한다. 이 데이터들을 깨끗한 차트에 정리하고 자사의 사업전략을 만든다.

매우 단순화했지만, 이것이 비즈니스 스쿨에서 가르쳐주는 접근방식이다. 상당히 논리적이지만 여기에는 커다란 함정이 있다.

가전제품 회사에 근무했을 때, 나는 일본 사업 설립을 담당했다. 일본은 가전제품 왕국인 만큼 외국계 회사가 뛰어들기는 매우 어렵다. 나의 상사는 실적을 올리지 못해 잇달아 해고되었고 마지막으로 내가 책임자가 되었다. 수건돌리기에서 내가 당첨된 것이다.

그래서 처음에는 비즈니스 스쿨 방식의 발상으로 도전했

다. 시장의 데이터를 수집해 모든 각도에서 분석하고 사업전략을 구축하는 방식이다. 그리고 프레젠테이션을 몇 차례나 되풀이했다. 하지만 모두 그림의 떡으로 끝나버렸다. 그 이유는 외국계 기업에도 표면적 방침과 드러내지 않는 본심이 존재하기 때문이다. 표면적인 방침에서는 사업전략이 중요하다. 그러나 기업의 본심은 다음의 3가지다.

① 수익이 없으면 사람은 고용하지 않는다.
② 수익이 없으면 상품은 개발하지 않는다.
③ 수익이 없으면 당연히 돈도 주지 않는다.

즉, 수익이 있는 사업에는 사람, 돈, 상품이 모두 모인다. 수익이 없는 사업에는 아무것도 주어지지 않는다. 뭔가 인생의 축소판 같지만 "이런 건 학교에서는 가르쳐주지 않았어."라고 아무리 하소연해도 상황은 바뀌지 않는다.

이런 현실을 직시하는 동안에 '비즈니스 스쿨에서 배운 내용은 결국 표면적인 방침만 다루었던 것'이라는 사실을 깨달았다. 기업의 본심은 '어떻게 해야 돈을 들이지 않고 최대한의 이익을 얻는가'이다. 극단적으로 말하면 '무에서 유를 창조하라'는 것이다. 그것을 못하는 관리직은 나이가 들면 가차 없이 구조조정을 당한다. 이것이 현실 세계의 비즈니스다.

“비즈니스는 이렇게 단순하다”

그렇다면 현실 세계에서는 무엇이 효과가 있을까? 이 대답은 비즈니스의 근본을 이해하면 간단히 알 수 있다. 진지하게 생각해보자. 비즈니스란 대체 무엇인가? 비즈니스의 본질은 다음과 같은 프로세스를 지속적으로 실행하는 것이다.

① 구매 가능성이 있는 고객을 비용 대비 효과적으로 모은다.

② 그 구매 가능성이 있는 고객과 계약을 성사시켜 기존 고객으로 만든다.

③ 그 기존 고객을 반복적으로 구매하게 하여 고정 고객으로 만든다.

중요한 내용이기 때문에 다시 한번 되풀이한다.

비즈니스란, 구매 가능성이 있는 고객을 비용 대비 효과적으로 모아 계약을 성사시키고, 그 고객이 반복적으로 구매를 할 수 있게 만드는 프로세스다. 고객을 중심으로 생각해보면 세상의 모든 비즈니스는 이런 형태를 취한다. 이것을 할 수 있다면 수익이 단절되는 일은 없다. 마음 놓고 잠도 잘 수 있다. 문제는 이 프로세스에 필요한 능력을 학교에서 배우느냐는 것이다.

우선 ①번 구매 가능성이 있는 고객을 비용 대비 효과적으로 모으려면 무엇이 필요할까?

상품의 품질을 좋게 만드는 것? 상점의 이미지를 좋게 만드는 것? 서비스 수준을 높이는 것? 모두 틀린 답이다. 광고 선전 기술이 필요하다. 구체적으로는 신문이나 잡지나 TV의 광고, 전단지, DM, 텔레마케팅, 입간판 등의 매체를 활용해 얼마나 적은 비용을 들여 구매 가능성이 있는 고객을 발견하는가 하는 능력이 있어야 한다.

물론 "구매 가능성이 있는 고객을 모으려면 입소문이나 소개가 가장 효과적이다."라는 의견도 있다. 그러나 입소문이나 소개는 기존의 고객을 통해야만 가능하다. 그 말은 기존의 고객이 증가하지 않는 한, 입소문이나 소개도 증가하지 않는다는 뜻이다. 기존의 고객을 늘리려면 구매 가능성이 있는 고객을 늘려야 한다. 즉, 모든 것의 출발점은 구매 가능성이 있는 고객을 모으는 활동에 있다는 사실을 알 수 있다. 구매 가능성이 있는 고객을 모으는 것. 이렇게 중요한 기술을 비즈니스 스쿨에서는 어느 정도나 가르쳐줄까?

제로다, 제로. 하버드 비즈니스 스쿨에서도, 스탠퍼드 비즈니스 스쿨에서도 거의 가르쳐주지 않는다.

그리고 ②번 구매 가능성이 있는 고객과 계약을 성사시키려면 어떤 능력을 배워야 할까?

계약을 체결하려면 영업용 화술이나 접객기술을 갖추어야 한다. '어떤 화술과 어떤 접객기술을 구사하면 계약이 이루어질까, 어떤 순서로 상품을 소개하면 단가가 높은 구매를 해줄까' 하는 등의 기술이다. 이것은 매출과 직결되는 중요한 능력이다. 그렇다면 비즈니스 스쿨에서 영업용 화술이나 접객기술을 얼마나 가르쳐줄까?

이것 역시 제로다. 단 1초도 가르쳐주지 않는다.

마지막으로 ③번에 관해서 기존 고객이 재구매를 하도록 하려면 무엇이 필요할까?

사실 여기에서 비로소 상품의 품질, 서비스, 고객만족(CS)

이라는 내용이 중요한 의미를 가진다.

'응? 상품의 품질은 계약의 성사 여부를 결정짓는 중요한 기준이 아닌가?'라고 생각할 수 있다. 하지만 앞에서도 설명했듯 상품의 품질은 구입한 뒤에 상품을 사용해보지 않고는 알 수 없다. 즉, 상품의 품질을 체험할 수 있는 것은 기존의 고객들뿐이다. 그 결과, 상품의 품질이나 고객만족은 고객의 이탈을 막는 역할은 하지만 계약을 성사시키는 데에는 직접적인 영향을 끼치지 않는다.

그렇다면 상품이나 서비스의 품질, 그리고 고객만족(CS)을 비즈니스 스쿨에서는 어느 정도나 가르쳐줄까?

이 부분은 꽤 잘 가르쳐주고 있다. '품질과 서비스를 어떻게 차별화하는가, 고객만족도를 어떻게 계측하고 분석하는가' 등에 관해 통계학을 구사해서 컴퓨터로 분석하는 방법을 가르쳐준다.

결론을 말하면, 비즈니스 스쿨에서 배우는 것은 조사, 분석, 전략구축이 거의 99%다. 구매 가능성이 있는 고객을 모으거나 판매하는 촌스러운 작업은 실무자에게 맡기면 되니까 굳이 공부하지 않아도 된다는 식이다.

그러나 현실에는 비즈니스의 기본적인 관점을 무시하고 조사나 분석에만 매달리는 회사는 없다. 도요타이건 소니이건, 또는 거리의 포장마차라고 해도 지속적으로 신규 고객을 확보하지 못하면 반드시 궤멸한다. 이 원리는 대기업이건 영세기업이건 다르지 않다. 비즈니스뿐 아니라 의사나 학교도 원리원칙은 마찬가지다. 고객을 모은다는 것은 그 정도로 중요한 매우 본질적인 문제다.

'고객을 모은다'라고 하면 단순하게 들릴 수 있다. 그러나 이것이 가장 어렵다. 비즈니스 스쿨에서는 집객은 결과이지 원인이 아니라고 생각한다. 즉, 고객의 욕구에 맞는 상품을 적절한 전략을 짜서 적정가격을 책정하면 고객은 자연스럽게 모을 수 있다는 식이다.

그러나 현실은 고객이 모이지 않으면 아무것도 진행이 되지 않는다. 고객이 모여야 비로소 고객의 진정한 욕구가 무엇인지 알 수 있고 상품도 개선할 수 있다. 또, 많은 양을 판매할 수 있기 때문에 가격을 낮출 수 있다. 그래야 비로소 비즈니스는 선순환으로 접어든다.

따라서 무슨 일이 있어도 고객을 모으는 능력을 갖추어야 한다. 그리고 그 능력을 갖추었을 때 여러분의 수입은 틀림없이 비약적으로 상승한다.

무능한 광고 대리점:
당신은 이렇게 봉이 되고 있다

제대로 갖추면 확실하게 수익을 컨트롤할 수 있는데도 거의 활용 못하는 지식이 바로 광고 선전이다.

상품을 선전한다. 그러자 전화가 걸려 온다. 전화를 걸어오는 사람은 상품에 흥미를 느끼는 고객이기 때문에 대응이 어렵지 않다. 상품에 따라서는 신입 영업사원이라고 해도 질문에 답변하는 것만으로 계약이 성사되기도 한다. 이처럼 광고는 사업을 성장시키는 매우 중요한 수단이다.

그러나 지식이 갖추어져 있지 않으면 대부분 실패한다. 왜 실패할까? 그 이유를 밝혀보자.

광고 선전에는 두 종류가 있다. '수익이 있는 광고'와 '수익이 없는 광고'다. 신문이나 잡지에서 볼 수 있는 대부분의 광고는 수익이 없는 광고다. 이 수익이 없는 광고는 일반적으로 이미지 광고라고 불린다. 이미지 광고는 어디를 보면 알 수 있을까? 우선 사진이나 일러스트가 많이 사용되고 문자는 적다. 디자인을 중시하기 때문에 광고 지면에 여백이 많다. 회사의 인상을 강하게 심어주기 위해 회사의 로고가 크게 인쇄되어 있다. 상품의 특징과 가격이 기재되어 있다. 문의 전화번호는 돋보기가 필요할 정도로 작게 첨부되어 있다.

이미지 광고는 대기업을 위한 광고다. 당연하지만 수익이 없기 때문에 불황일 때에는 우선적으로 중단되는 것이 이 이미지 광고다. 이미지 광고는 회사의 수익을 위해서가 아니라 복리후생의 일환으로 실행한다는 것이 나의 견해다. 회사가 멋진 광고를 내고 있으면 사원들은 친척이나 친구들에게 "아, 그 이미지 좋은 회사에 근무하고 있구나."라는 말을 듣고 자랑스러워하기 때문이다. 정말 그 정도의 효과밖에 없다.

이미지 광고의 가장 큰 결점은 효과를 측정할 수 없다는 것이다. 광고 비용과 매출 효과의 관련성을 전혀 알 수 없다. 이것은 영업사원의 매출 실적을 전혀 파악하지 않고 종신고용을 하는 것과 같다.

광고 대리점은 효과를 계측할 수 있다고 말하지만, 그것은 광고의 메시지가 몇 명에게 도달했는가 하는 인지도의 지표다. 즉, 몇 명이 광고를 보고 고객이 되었는가 하는 수익의 지표가 아니다. 그렇기 때문에 이미지 광고를 통해서는 이익을 보았는지 손해를 보았는지 알 수 없다.

한편, 수익이 있는 광고도 있다. 이것을 '리스폰스(Response) 광고'라고 한다. 이 광고를 이용하는 전형적인 예가 통신판매 광고다. 다른 예를 든다면 가발이나 다이어트, 영어회화 등에서 리스폰스 광고를 볼 수 있다.

리스폰스 광고를 다른 광고와 구별하는 것은 간단하다. 오퍼가 있는가, 없는가로 판단하면 된다. 오퍼란 '제안'이라는 의미이지만 간단히 말하면 '무료○○'이다. 예를 들면, '무료 샘플', '무료 시약', '무료 가이드북', '무료 리포트'처럼 무료로 특전을 주는 경우가 많은데 '1,000엔 체험 키트'처럼 무료가 아닌 것도 오퍼가 된다.

이 오퍼가 광고에 포함되어 있으면 몇 건의 문의가 왔고 구입이 이뤄졌는지 알 수 있다. 광고 비용 얼마를 들여서 무료 요청이 몇 건이고, 몇 명이 계약을 했는지 그 데이터를 간단히 파악할 수 있다. 즉, 광고비의 모든 것을 직접 매출과 관련짓는 가장 효과적인 광고 수법이다. 결과를 수치로 확인할 수 있기에 효과가 없는 경우에는 바로 중단한다.

왜 '수익이 없는 광고'가 넘쳐나는가

이처럼 광고에는 '수익이 있는 광고'와 '수익이 없는 광고' 두 종류의 광고가 있는데 대부분 '수익이 없는 광고'를 하고 있다.

회사는 대부분 이런 상황에서 광고를 내려 한다.

일단 '상품에 자신이 있다. 가격도 싸다.' 그래서 사장은 눈에 띄는 매체에 광고를 낸다. 이 상품을 보면 소비자들이 구매해 줄 것이라고 믿는다. 하지만 전단지를 뿌려야 할지, 잡지 광고를 내야 할지, 아니면 DM을 보내야 할지 알 수 없다. 또, 어떤 내용으로 구성해야 좋을지도 갈피를 잡을 수도 없다.

그래서 '그렇다면 우리는 광고에 대해서는 잘 모르니까 전문가의 의견을 들어보는 게 어떨까?'라고 생각해 광고 대리점이나 광고 기획자를 부른다. 그럴 경우, 광고 대리점은 이렇게 말한다.

"예산은 어느 정도나 잡고 계십니까?"

여기에서부터 신경전이 시작된다. 경영자는 대부분 '예산이 얼마냐고? 그야 상품이 잘 팔릴 수만 있다면 얼마든지 지출할 수 있지.'라고 생각할 것이다. 어쨌든 "뭐, 30만 엔 정도 생각합니다만."이라고 대답했다 치자. 이후 이런 식으로 상담이 진행된다.

광고 대리점: 30만 엔 정도라면 이렇게 작은 공간밖에 확보할 수 없습니다. 이래서는 효과가 거의 없지요. 최소한 이 정도 크기의 광고는 내야 합니다.

사장: 그럼 금액이 얼마나…?

광고 대리점: 70만 엔가량이지만 이 정도는 되어야 좋은 결과를 얻을 수 있습니다.

생각보다 꽤 비싸다. 그래도 사장은 '프로가 하는 말이니까 틀림없겠지.'라는 생각에 의견을 받아들인다. 결과는 어떨까?

전화는 전혀 걸려 오지 않는다. 그리고 일주일이 지나 사장은 "지난번 광고, 문의 전화가 전혀 걸려 오지 않는데 어떻게 된 겁니까?"라며 다시 광고 대리점을 찾는다. 보통 광고 대리점의 변명은 다음 3가지 중에 하나다.

① "사장님, 단 한 번만으로는 아무래도 힘들지요. 최소한 3번은 내셔야 합니다. 지속적으로 노출이 되어야 고객이 안심하고 구매할 생각이 들지 않겠습니까?"
② "광고 비용의 3분의 1은 회사의 이미지를 높이기 위해 사용한 것이라고 생각해 주십시오."
③ "흐음, 날씨가 나빠서 그런가…."

대부분의 기업은 이런 식으로 광고비를 쓰레기통에 버리게 된다. 사실 이 구도는 중소기업이나 영세기업은 물론이고 대기업까지 크게 다르지 않다. 중소기업은 광고 대리점이 시키는 대로 몇 차례의 광고를 내지만 효과는 거의 없다. 그러다가 자금에 여유가 없어 압박을 받고 "우리 회사는 유명 기업이 아니니까 광고를 해도 효과가 없어."라며 포기한다.

대기업은 애당초 광고를 내서 원금은 되찾는다는 발상 자체가 없다. 그렇기 때문에 손해를 보아도 모른 척한다. 매출의 몇 퍼센트를 광고 비용으로 사용한다는 기준이 있기에 크게 신경 쓰지 않고 광고 대리점의 의견대로 움직인다. 그 무지함을 이용해서 광고 대리점은 더욱 열을 올린다.

"우리에게 맡겨주십시오. 설사 실패를 한다고 해도 우리 같은 유명 광고 대리점에 의뢰했는데도 실패를 한 것이니까 귀사의 실패는 아닙니다."라는 식으로 광고를 유도한다.

이것이 광고업계의 실태다. 그렇기 때문에 광고는 매우 강력한 수단인데도 대부분의 회사가 손해를 보고 있는 것이다.

광고의 프로는 상품을 파는 프로가 아니다

광고 대리점도 나쁜 마음으로 당신에게 손해를 끼치는 것은 아니다. 그들의 비즈니스 구조상 어쩔 수 없는 현상일 뿐이다. 광고 대리점은 고객을 모아 상품을 판매하는 프로가 아니다. 그들이 하는 일은 상대 회사의 광고 예산을 늘리는 것이다. 왜냐하면 광고 대리점은 광고 비용의 15~20% 정도를 수수료로 받아 수익을 올리기 때문이다. 즉, 상대 회사의 광고 예산을 늘리지 않으면 수익을 올릴 수 없다. 10~20만 엔짜리 일을 맡아서는 영업사원의 인건비도 나오지 않는다. 그렇기 때문에 최대한 가격이 비싼 광고 공간을 소개하고 단발성이 아니라 몇 번씩 지속적으로 광고를 하도록 유도한다.

하지만 비싼 광고를 낸다고 해서 반응이 좋은 것은 아니다. 사실 광고 공간의 가격과 반응 건수에는 명확한 연관성이 없다. 광고를 내는 데 중요한 것은 '반응이 좋은 시장인가, 가격이 낮아도 반응을 얻을 수 있는 장소나 공간인가' 하는 것이다. 그런 장소나 공간을 잘 알고 있어야 한다. 그리고 광고 내용이 리스폰스 광고의 원리원칙을 잘 따르고 있는가 하는 점도 중요하다.

리스폰스 광고의 원리원칙이란, 경험을 통해 터득한 가장 좋은 반응을 일으키는 법칙이다. 예를 들어, 간결한 설명보다 충분히 설명하는 쪽이 잘 팔린다. 짧은 문장보다 긴 문장 쪽이 잘 팔린다. 상품과 관련성이 없는 사진을 사용하는 건 그다지 효과적이지 않다. 한눈에 광고라고 알 수 있는 레이아웃보다 기사 같은 형식의 레이아웃 쪽이 5배는 더 많이 읽힌다. 이처럼 다양한 원리원칙이 있다. 이 원리원칙을 충실하게 이행하면 10배, 20배의 반응이 나타난다. 그렇다면 대기업 광고 대리점은 이런 반응을 얻을 수 있는 지식이 없는 것일까?

실제로는 충분히 갖추고 있다. 단, 대기업이나 까다로운 상대에게만 그 지식을 선보인다. 이처럼 광고 대리점은 흡혈귀처럼 여러분의 피를 빨아먹는 것이 일이다. 그것도 죽지 않을 만큼만. 그것을 모르고 "나는 광고에 관해서는 잘 모르니까 프로에게 맡기지요."라고 맡겨 버리니까 실패를 맛본다.

본래 상품을 가장 잘 알고 있는 사람은 그 회사의 사장이다. 또 실제 고객을 상대로 판매한 경험이 있기 때문에 무슨 말을 해야 상품이 팔리는지, 본능적으로 알고 있다. 그렇기 때문에 자사의 광고에 관해서는 광고 대리점에 전적으로 맡기지 말고 본인이 직접 생각해보아야 한다.

일단 타사의 광고를 철저하게 연구한다. 회사로 날아오는 전단, DM을 모두 살펴본다. 그리고 자신이 어떤 광고에 관심을 보이는지, 어떤 경우에 전화를 걸고 싶어지는지, 고객의 마음으로 생각해본다. 그렇게 하면 점차 어떤 광고가 반응이 좋은지 조금씩 이해하게 된다. 그 지식을 얻는 데에 많은 시간이 걸리는 것은 아니다. 그러나 그 시간 투자는 수십 배, 수백 배가 되어 돌아온다.

나도 실패의 연속이었다

이처럼 경영의 프로인 컨설턴트도 비즈니스의 최고학력인 MBA를 갖춘 사람도, 또 광고 선전에 있어서 프로인 광고 대리점 담당자도 고객을 모으는 부분에는 실질적인 지식을 갖추고 있지 않다.

즉, 당신이 가장 고민하고 있는, 고객을 획득한다는 부분에 관해서는 여러분 자신 이외에 의지할 사람은 없다. 따라서 직접 시행착오를 되풀이하며 경험을 쌓아야 한다.

사실 여러분처럼 나도 끊임없이 시행착오를 되풀이했다. "어떻게 하면 일본 주택에는 도저히 들어가지 못하게 보이는 거대한 냉장고나 식기세척기를 팔 수 있을까?" 하는 생각에 사로잡혀 있었다. 물론, 컨설턴트나 광고 기획 담당자와 상담도 했다. 그러나 계약은 이뤄지지 않았다.

그러던 중, 본사의 전략이 바뀌었다. 일본보다 중국 쪽이 시장으로서 매력적이라고 판단해 일본 지사의 문을 닫고 싱가포르로 이전한다는 결정을 내린 것이다. 그렇게 되면 당연히 나는 해고다. 다른 사원들은 전원 해고되었다.

나는 "유일한 일본인 매니저라는 입장이니까 남은 업무를 처리하기 위해 반년 동안 남게 해주십시오."라고 본사의 이사에게 호소했다.

속내는 그 반년 안에 사업을 확대하는 방향으로 만들어 보겠다는 의도였다. 그 결과, 나 혼자만 남게 되었다.

하지만 항구에 있던 월세 300만 엔짜리 사무실은 폐쇄되었다. 나는 거래처인 회사에 부탁해서 방 하나를 빌렸다. 사장님은 안타깝다면서 여사무원 한 명을 합류시켜 주었다. 나는 돈도 없고 상품도 없는 상태에서 일본에서 비즈니스를 성립시킬 방법을 찾아야 했다.

"어떻게든 대기업 거래처를 확보해야 돼…."

시간은 계속 흘러갔고 단 하루라도 무의미하게 보낼 수는 없었다. 유예기간은 180일이다. 그러나 그 180일이 나의 인생을 바꾸는 전환기가 되리라고는 당시의 나는 전혀 예상하지 못했다.

고객을 사로잡는 성공 포인트

- 비즈니스의 본질은 구매 가능성이 있는 고객을 비용 대비 효율적으로 모아 계약을 성사시키고 지속적으로 구매하게 만드는 것이다.
- 구매 가능성이 있는 고객을 모으는 활동이 가장 중요하다.
- 광고에는 '수익이 있는 광고'와 '수익이 없는 광고'가 있다.

3장

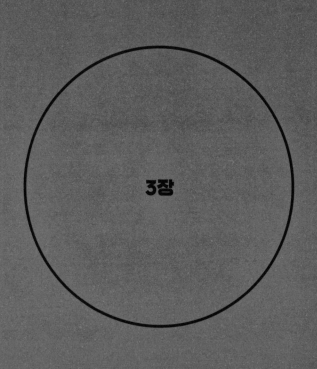

감정 마케팅의
마법

기적은 이렇게 일어났다

이 180일은 나의 전환기가 되었다. 극한 상황에 놓인 나는 지금까지 배운 영업방식과는 완전히 다른 발상의 영업을 해야 했다. 지금까지는 일단 전화를 걸어 방문 약속을 잡고 인사를 하러 가서 상품을 제안하는 방식이었지만 그렇게 이어진 대부분의 미팅은 더 이상 진전이 없었다. 또, 시간이 180일로 한정되어 있기 때문에 그렇게 여유를 가지고 영업을 할 수는 없었다. 흥미가 없는 바이어를 설득하려면 너무 많은 시간이 걸린다. 시간을 줄이려면 일단 흥미를 느끼는 바이어들을 활용해야 한다. 그들을 활용하려면 어떻게 해야 할까?

나는 그들에게 구매를 부탁하는 대신 설문조사를 부탁했

다. 때마침 주간지에서는 '외국 가전제품 회사가 일본 가전제품 시장을 직격'이라는 기사가 화제가 되고 있었기 때문에 긴급조사라는 명목으로 '외국 가전제품이 일본에서 뿌리를 내릴 수 있는가?' 하는 내용의 설문조사를 실시했다. 시사적인 화제라면 설문조사 회수율이 꽤 높을 것이라는 생각에서였다.

500통 정도의 DM을 보내고 답장을 기다렸다. 팩스로 잇달아 답장이 들어왔다. 거래에 긍정적인 모습을 보이는 답변도 많았다. 그러나 아무리 생각해도 거래액 규모가 너무 작아서 이 정도로는 본사의 철수 의향을 바꾸기는 어려웠다.

설문조사를 실시한 지 일주일 정도가 지났다. 이제 답장도 거의 들어오지 않는다. 그런 상황에서 팩스 하나가 들어왔다. 슬쩍 쳐다보니 설문조사 용지다. '또 영세 가전제품 사장인가 보군.'이라고 생각하며 용지를 집어 들었다. 그것은 대기업 대형 판매점의 전무이사로부터 날아온 답변이었다. 설문조사 용지에는 이렇게 쓰여 있었다.

'우리 회사는 전국 점포에서 800억 엔의 매출을 올리고 있습니다. 그 규모에 맞는 상담을 하고 싶습니다.'

나는 하늘로 뛰어오를 듯 기뻤다.

"이제 해고당하지 않을 수도 있어."

나는 사무직원과 함께 문자 그대로 펄쩍펄쩍 뛰며 환호성을 질렀다. 그러나 여기서부터가 또 난관이었다. 당시, 일본용 상품이 전혀 없었던 것이다. 즉, 비즈니스 상담을 한다고 해도 팔 상품이 없었다. 나는 일단 상대방이 어떤 상품을 원하는지 들어보기 위해 빈손으로 그 회사를 찾아갔다.

"어떤 상품을 찾으시나요? 그걸 개발해보도록 하겠습니다."

상대방은 적잖이 당황한 모습을 보였지만 그 자리에서 구매하고 싶은 상품, 수량, 가격을 제시했다. 이야기는 구체적으로 진행되었다. 그러자 본사도 움직였다. 본사의 입장에서 볼 때 가전제품 왕국인 일본 시장을 파고들 수 있다는 것은 매력적이다. 나는 본사로부터 지원을 받아 한국 기업으로부터 전자레인지를 OEM 생산하기로 결정했다.

그 후 3달이 흘렀다. 그 석 달은 내 인생에서 가장 바쁘게 일한 기간이다. 그럴 수밖에 없었다. 직원은 나 혼자였으니까. 전자레인지 기종 선정에서부터 상품 디자인, 설명서, 보증서, 레이아웃, 전단 제작, 포장 디자인, 나아가 물류, 발주 방법 정비까지 모두 혼자 해야 했다. 그러자 고생한 보람이 있었는지 본사의 일본 전략이 크게 바뀌었다. 철수는 중지되었고 일본 시장을 겨냥한 체제 정비 및 상품 개발이 시작된 것이다. 이 지옥과 같은 경험을 통해 나는 한 가지 진리를 발견했다.

고객이 있으면 비즈니스는 성립된다. 돈이 없어도 상품이 없어도 사람이 없어도 어떻게든 성립된다. 하지만 이 순서가 바뀌면 아무것도 성립될 수 없다. 수많은 회사가 실패하는 이유는 이 순서가 반대이기 때문이다.

우선 팔릴 것 같은 상품을 준비한다. 그리고 그 상품을 구매해 줄 고객을 찾는다. 대부분의 회사는 이 부분에서 실수를 한다. 현실적으로는 팔리지 않으면 재고가 쌓이고 그 재고를 처분하기 위해 영업사원이 시간을 낭비해야 한다. 하지만 팔리지 않는 상품이기 때문에 영업사원도 의욕을 느끼지 못한다. 이래서는 실패로 가는 지름길을 걷는 것과 같다.

신규 사업을 진행하고 싶다면 가장 먼저 고객부터 확보해야 한다. 고객을 모은다. 고객이 원하는 상품이 무엇인지 들어본다. 그리고 그 상품을 제공한다. 그렇게 하면 사업 리스크가 낮아진다. 투자도 거의 필요 없고 사업은 빠른 속도로 뿌리를 내린다.

광고 선전에 대한 반응을 비약적으로 높이는 열쇠

이 DM의 성공은 나의 세계관에 코페르니쿠스의 지동설과 같은 획기적인 전환을 안겨주었다. 지금까지 영업은 약속을 잡고 찾아가 판매를 하는 것이라고 생각했다. 하지만 DM을 효과적으로 사용하면 굳이 찾아가서 판매하지 않아도 된다는 사실을 깨달았다.

"이제는 굳이 찾아가서 판매하지 않아도 돼."

사슬에 묶여 있던 노예가 해방된 듯한 기분이었다. 나는 이 때 이후 5년에 걸쳐 "어떻게 해야 상대방이 찾아오게 할 수 있을까?"에 관하여 실험을 했다. 구체적으로 말하면 광고 선전을 하는 경우, 어떻게 하면 높은 반응을 얻을 수 있는가에 관한 데이터를 수집하고 그 법칙성을 이끌어 내고 있다.

일반적으로 광고 선전에 대한 반응은 매우 낮다. 신문이나 잡지의 광고이건 전단이건, 또는 DM이건 초보자가 실시하면 대부분 실패를 맛본다. 그러나 그 반응을 비약적으로 높일 수 있다면? 그런 방법이 있다는 사실을 알게 된다면 여러분은 어떻게 할까?

나는 그 수치를 높이는 데 쾌감을 느꼈다. 그리고 어떤 키워드에 직면했다. 그 키워드를 이해하면 반응은 올라간다. 그 키워드는 이모션, 즉 감정이다. 감정이라는 추상적인 말을 사용하면 이해하기 어려우니까 예를 들어보자.

다음 2가지 광고는 같은 신문의 같은 지면에 실린 것이다. 읽어보면 알 수 있듯 내용은 거의 비슷하다. 여러분이 볼 때 어느 광고에 더 많은 전화가 걸려 올 것 같은가? 30초 안에 대답해보자.

정답은 ②번. 이 광고가 반응이 더 좋다. ①의 광고는 3건의 문의 전화가 전부였지만, ②번의 광고는 30건의 문의 전화가 들어왔다.

반복하지만 두 종류의 광고가 판매하려 하는 상품은 똑같다. 그런데 같은 상품을 판매하는 광고인데도 표현의 차이만

인간심리를 이해하면 반응이 10배로

①

경비 절감은 항공권부터.
항공권 예매 전에
먼저 이 글을 읽어보세요.

②

여기를 주목!

"아직도 항공권에
돈을 낭비하십니까?"

으로 고객으로부터 걸려 오는 전화 수는 10배나 차이가 났다. 중요한 점이기 때문에 다시 한번 설명한다.

표현의 차이만으로 고객으로부터 걸려 오는 전화 수는 10배나 차이가 난다. 이것이 감정 마케팅(Emotional Marketing)의 파워다. 이 사실이 당신의 비즈니스에서 어떤 의미를 가질까?

일반적인 상식으로는 광고 표현을 바꾼 정도로 매출에 큰 차이가 발생한다고 생각하기는 어렵다. 그래서 "이 광고는 3건밖에 전화가 걸려오지 않아. 수익이 없으니까 그만하자."라는 결론을 내린다. 그러나 표현을 바꾸는 것만으로 반응에 10배의 차이가 난다면…. 더구나 반응이 10배가 되어도 비용은 단 한 푼도 더 들지 않는다면….

순간적으로 팔리는 구조가 형성된다. 이처럼 광고에 대하여 비용에 걸맞는 충분한 반응을 얻을 수 있다면 경쟁 회사를 위협할 수 있는 영업을 펼칠 수 있다. 광고를 내는 것만으로 정기적으로 신규 고객을 늘릴 수 있기 때문이다. 또, 영업사원들은 일하기 편해진다. 전화를 걸어 온 고객을 상대로 정중하게 대응하는 것만으로 충분하다. "이번 달은 어떻게든 고객을 찾아내자."라고 고민할 필요가 없다.

이 기적은 우연인가, 필연적인 결과인가

문제는 '광고 선전에 대한 반응의 차이를 우연한 결과가 아니라 법칙으로 설명할 수 있는가?' 하는 것이다. 앞에 소개한 두 종류의 광고는 왜 10배나 차이가 발생한 것일까? 이론적으로는 이렇다.

고객이 광고 선전에 반응을 하려면 상당한 노력이 필요하다. 우선 광고를 읽어야 한다. 그리고 전화를 걸지 말지 결정한다. 전화기를 집어 들고 버튼을 누른다. 영업사원이 찾아올지도 모른다는 각오를 하고 용건과 자신의 주소, 이름을 전한다. 이 정도의 노력을 기울여야 한다. 그렇다면 이 노력을 정당화시키기 위해 어떤 조건이 필요할까?

힌트는 아메바다. 사실 모든 생물은 아메바를 포함하여 다음과 같은 경우에 행동을 일으킨다.

① 쾌락을 추구한다.

② 고통에서 벗어난다.

행동하는 원인은 이 2가지밖에 없다. 더구나 인간이건 아메바이건 쾌락을 추구하는 것보다는 고통에서 벗어나는 쪽이 보다 강한 행동요인으로 작용한다. 이제 이해할 수 있는가? 여기서 여행 회사의 광고를 다시 한번 살펴보자.

129쪽의 광고 ①번은 할인을 전면에 내세우고 있다. 할인은 '이득이 되는 구매를 할 수 있다.'라는, 쾌락을 추구하는 측면을 강조하고 있다. 하지만 광고 ②번은 '아직도 쓸데없이 돈을 낭비하십니까?'라는 식으로 고통에서 벗어나는 측면을 강조하고 있다.

단순하다고 생각할지 모르지만 이 표현의 차이가 인간의 근원적인 감정과 직결되기 때문에 10배라는 반응의 차이를 낳는다. 이처럼 약간의 차이가 반응을 크게 좌우한다. 다음의 광고를 보자.

레이아웃에 의한 반응의 차이

무료 리포트를 증정
저예산 고객 획득법

「老人が社会への適応を、自分の方で努力しなければならないのは確かですが、社会の方からもそれを助ける努力がなされなければなりません」(今堀和友著「老化とは何か」)

鐘

郵便番号が五ケタから七ケタに増えたのは今年二月のこと。現代社会では長い数字が急に増えてきた。

郵便番号をはるかに超える例もある。最近、わが家のドアにはさまれていた宅配便の不在連絡票には何と十四ケタの「お客様番号」が書いてあった。

だが、いくら何でもこのケタ数は工夫に欠ける。十四ケタといえば単純計算だと百兆人に番号を割り当てられるケタ数だ。人口が約一億三千万人の日本国内でなぜ、こんな長い数字を使うのだろう。

長い数字は優しさにも欠ける。人間の脳の記憶力には限界がある。限界を超えた数字は覚えられないし、書いたり読んだりするのもおっくうだ。若いころより記憶力が減退した中高年には迷惑なことこのうえない。

高齢化が急速に進むこれからの日本には、情報化技術を人間のために使う優しさと知恵が必要だ。肉体を傷つける暴力はもちろん拒否したいが、長い数字の暴力もごめん被りたい。(山)

無料レポート進呈。
「小予算顧客獲得法」
不況で行き詰まっても、
これを読むまでアキラメないで下さい。

- 小予算でも、優良顧客が集まる方法とは?
- 資料請求を何倍にも増やす魔法の10語とは?
- なぜ営業マンからお客が逃げるのか?
- マーケティング常識の5つの落し穴?

読者の声「興味のある内容だったので、夢中になって読ませてもらいました。」「なかなか打開策が打てず、試行錯誤していたので、いい刺激になりました。」

ご希望の方(先着30名)は、ご住所・お名前・TEL・FAX番号をご記入後(名刺のコピー可)、ファックス(**24時間受付03-5741-8156**)にてお送りください。なお電話・訪問によるご迷惑な勧誘・売り込みは一切ありません。

株式会社アルマック 大田区矢口2-21-9 TEL.03-5330-7493

"가로쓰기, 세로쓰기의 차이가 반응의 차이를 만든다."

「ジャングルの中を歩いていくと、恐竜のようなコモドドラゴンがぬっと突然目の前に出てきたりして、その大きさと迫力とに圧倒された私であった。まるでジュラシックパークの世界とでもいおうか」(林美恵子著「ジャングルへ行く!」)

鐘

通勤電車に小さな子供たちと乗り合わせるのは夏休みならではの光景だ。すっかり恒例となったスタンプラリー。各駅のスタンプを集めて回るとご褒美がもらえるというあれだ。

今日、隣り合わせたのは、姉と弟なのだろう、よく似た小学生の二人連れ。どれほどの遠行を計画しているのか。しっかりと手をつなぎ、小さな冒険に緊張している様子が見て取れる。

夏休みの冒険が都心を走る地下鉄の旅というのも気の毒な気がするが、危険が待ち受けているかもしれない未知の場所へ足を踏み入れるのをそう呼ぶなら、これも立派な冒険旅行。何しろここはコンクリートジャングルなのだから。

二人はジャングルの住人の観察に余念がない。ひたすら眠る中年族。漫画を読みふける若い会社員。手鏡を取り出し、化粧を始めるOL。今日の絵日記には、初めて目にした〝珍獣〟の生態が詳しく語られるに違いない。(歩)

初公開、
小予算でお客が集まる方法

経営コンサルタントの神田昌典氏が、景気に左右されにくい顧客獲得法を、著書「小予算顧客獲得法」(A5判七十頁・千五百円・税別)で公開した。数万円の広告宣伝予算で実践できる新しい方法である。

内容に納得しない場合、読了後でも九十日以内返品可(返送料読者負担)。

今なら概要レポートを無料配布中。

詳しくは、**24時間録音テープ案内☎03・5972・5191**まで。

(株)アルマック大田区矢口2・21・9
☎03・5330・7493

첫 공개,
저예산으로 고객을 모으는 방법

이 2가지 광고의 문장은 거의 비슷하다. 가로쓰기인가, 세로쓰기인가의 차이다. 여러분은 어느 쪽 광고가 반응이 더 있을 거라고 생각하는가? 이것도 30초 정도 생각해보고 답변해보자.

정답은 세로쓰기. 가로쓰기가 32건, 세로쓰기가 87건의 반응을 보였다. 같은 내용인데 왜 이렇게 반응이 다를까.

굳이 논리적으로 설명한다면 광고에 대한 소비자의 반감 때문이다. 독자는 왜 신문을 읽을까? 신문을 읽는 것은 기사를 읽기 위해서다. 광고를 보기 위해서가 아니다. 그래서 한번 훑어보았을 때 광고로 보이는 건 건너뛰고 읽으려 한다. 즉, 광고는 광고다울수록 소비자에게 무시당한다. 그리고 광고의 목적은 결국 판매다.

광고에 관해 소비자는 본능적으로 방어심리가 작동하기 때문에 항상 '속지 말아야 한다.'라는 기본적인 심리를 바탕으로 광고를 대한다. 이런 소비자의 감정을 이해하면 광고는 가능하면 광고처럼 보이지 않는 쪽이 좋다. 그래서 앞에서의 광고에는 사진도 로고도 넣지 않았다.

세로쓰기 쪽이 반응이 좋은 이유는 가로쓰기보다 기사에 가까운 인상을 주기 때문이다. 옆을 보면 칼럼이 실려 있다.

이 칼럼을 읽기 시작하면 무의식적으로 나의 광고까지 눈길이 옮겨진다. 그렇기 때문에 반응이 높았을 것이다. 이 이론을 뒷받침하는 증거가 있다.

사실 세로쓰기 광고의 결과가 좋았기 때문에 기분이 좋아서 다시 한번 같은 광고를 게재해달라고 의뢰했다. 그러자 신문사에서 '기사와 혼동될 위험성이 있다.'라는 이유로 문장 안에 '광고'라는 문구를 반드시 삽입해야 한다는 말을 들었다. 그리고 그 지시를 따른 결과, 반응은 가로쓰기와 비슷한 수준까지 떨어졌다. 이처럼 소비자의 감정을 읽으면 광고 선전에 대한 반응을 간단히 끌어올릴 수 있다. 그런데 이 사실이 널리 알려져 있지 않기 때문에 현재 대부분의 광고는 효과를 제대로 발휘하지 못한다. 본래, 매출을 올려야 할 광고가 단순히 이미지 광고(수익이 없는 광고)로 전락해 버린다.

반응을 올리는 것만으로는 의미가 없다

지금까지의 실례를 통해서 감정 마케팅은 광고에 대한 반응을 높여준다는 사실을 이해했을 것이다.

"아무리 광고를 이용해서 반응을 올린다고 해도 계약이 성사되는 것은 아니지 않습니까? 그렇다면 의미가 없지요."

물론, 이렇게 생각하는 사람도 있을 것이다. 그래서 실제로 계약이 성사되는 예를 살펴보기로 한다.

다음의 DM은 식품 회사가 신규 판매점을 개척했을 때 사용한 것이다. 이 회사는 참깨꿀(참깨를 섞은 꿀)이라는 상품을 제조, 판매하고 있다. 전국의 제과점이 영업 대상이다. 지금까지는 영업사원이 각 소매점을 방문하는 방식으로 판매점을

신규 개척용 DM

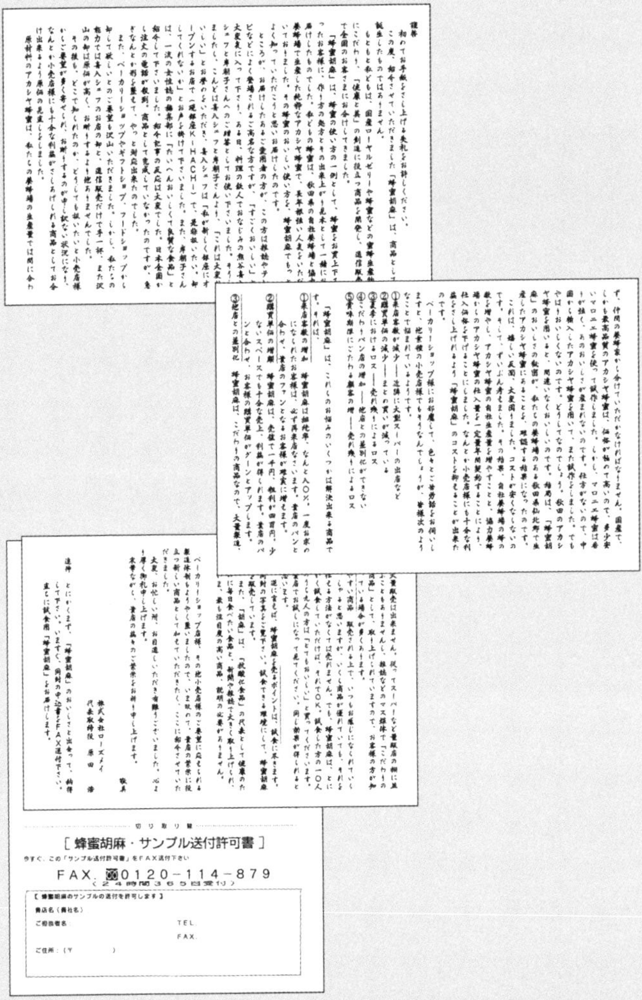

切り取り線
[蜂蜜胡麻・サンプル送付許可書]
今すぐ、この「サンプル送付許可書」をFAX送付下さい
FAX. 0120-114-879
(24時間365日受付)
【 蜂蜜胡麻のサンプルの送付を許可します 】
貴店名（貴社名）
ご担当者名：
TEL.
FAX.
ご住所：（〒　　　）

개척했다. 작년의 실적은 연간 약 100개의 신규 판매 점포를 텄다.

그 후, 이 DM을 사용해 영업을 펼치는 방식으로 바꾸었다. 그러자 100통의 DM을 보내면 12건의 샘플 요청이 들어왔다. 샘플을 보낸 뒤에 판매점으로 계약되는 것이 8건이었다. 신규 판매점을 개척하는 비용은 한 건당 3만 엔 미만이 된다. 이 DM에서 반응이 있었던 상점에 대해서는 영업사원이 전화를 걸어 직접적인 영업을 한다. 인원은 한 명이다.

이 방법으로 전환한 결과, 석 달 뒤에 정확히 100개의 신규 판매점을 개척할 수 있었다. 즉, 작년 1년 동안의 실적을 3달 만에 달성한 것이다. 더구나 방문 건수가 줄어들었기 때문에 영업에 들어가는 비용은 대폭으로 줄어들었다.

“마법을 일으키는 3가지 포인트”

DM이 이렇게 큰 활약을 한 이유는 무엇일까? 여기에는 3가지 포인트가 있다.

첫 번째 포인트는 영업과 관련된 분위기가 거의 풍기지 않도록 만들었다는 것이다. DM의 경우에도 영업을 하는 분위기를 풍기지 말아야 한다는 원리원칙을 지켜야 한다. 이것은 앞에서 설명한 방문영업인 경우와 마찬가지다. 처음부터 영업을 하는 분위기를 풍기면 상대방은 그만큼 감정적으로 반발하게 되고 당연히 심리적 장벽을 구축한다. 그 장벽을 제거하기는 매우 어렵다. 따라서 봉투를 집어 들었을 때 영업이라는 분위기를 느끼지 않도록 제작해야 한다.

두 번째 포인트는 상대방에게 있어서 이득은 있어도 리스크는 전혀 없는 제안을 해야 한다는 것이다. "무료로 샘플을 보내드립니다. 이후 구입해야 할 의무는 없습니다."라는 것이 제안이다. 좀 더 직접적으로 말한다면 "무료로 샘플을 보내드리니까 가족과 함께 맛을 즐겨 보십시오."라는 것이 된다. 상대방에게는 전혀 피해가 없는 제안이다. 그리고 "샘플을 요청하십시오."라는 말을 하지 않는다. "무료로 샘플을 보내드릴 테니 허락만 해주십시오."라고 말한다.

이 '허락만 해주십시오.'라는 문장이 상대방의 감정에 직접적으로 어필한다. 여기에서 상대방의 감정이 강하게 자극을 받는다. 문득 정신이 들었을 때는 샘플을 요청하고 있다. 이처럼 상대방의 감정을 존중하면서 DM을 설계하면 반응률은 매우 높아진다.

세 번째 포인트는 다음 행동과 연결시키기 위해 필요한 정보를 모두 담는다는 것이다. 이 DM의 문장은 매우 길다. 인사에서부터 상품 내용, 거래할 경우의 이익, 거래처의 실적 리스트, 매장 내부 디스플레이 이미지 등 3장에 걸쳐 상세하게 설명되어 있다.

상식적으로 "이렇게 긴 문장을 누가 읽을까?"라고 생각할 수도 있다. 회사에서는 “사람들은 바쁘다. 가능하면 간결한 문장으로 만들어야 한다!”라고 가르친다. 하지만 이것은 잘못된 가르침이다. 재미있으면 긴 문장이라도 읽는다. 그리고 그 문장을 읽는 사람은 결국 그 상품에 흥미가 있는 고객이다. 애당초 흥미가 없는 사람은 DM이라는 사실을 이해한 순간 쓰레기통에 버린다. 긴 문장을 읽는 사람이 흥미 있는 고객이다. 그리고 흥미 있는 고객에게 다음 행동을 유도하려면 필요한 정보를 모두 제공해야 한다.

사람은 정보가 부족한 경우에 리스크를 먼저 느끼기 때문에 행동을 하지 않는다. 예를 들어, 한 번도 만난 적이 없는 3명의 이성 중에서 1명과 결혼을 해야 한다고 하자. 그중 2명에 관해서는 취미와 경력이 간단히 쓰여 있는 종이를 주었다. 나머지 한 명은 노트를 주었다. 노트에는 작은 글씨가 빼곡히 채워져 있는데 자신의 성장 과정, 시간을 보내는 방법, 일어나는 시간, 자는 시간, 어떤 결혼생활을 바라는지, 아이는 몇 명을 원하는지 등이 상세하게 쓰여 있다. 자, 당신은 어떤 이성을 파트너로 선택할 것인가?

일반적이라면 세 번째 이성을 선택한다. 다른 두 명은 정보가 부족해서 선택하기에는 리스크가 매우 높기 때문이다.

많은 회사의 DM이 실패하는 이유는 이 두 이성을 소개하는 방식과 비슷한 실수를 하고 있기 때문이다. 기본적으로는 "이 상품은 훌륭하니까 부디 검토해 주십시오."라는 상품 설명서가 들어있을 뿐이다. 잠깐만 생각해봐도 알 수 있듯 영업사원이 방문할 때도 "이 상품은 훌륭하니까 부디 검토해 주십시오."라는 말만 한다고 계약이 성사될 리는 없다.

그렇기 때문에 DM은 문장이 길어져도 필요한 정보를 모두 담는 것이 좋다. 그리고 이런 DM을 설계하면 영업 과정이 매우 간단해진다. 왜냐하면 결정을 하는 데에 필요한 정보들이 이미 메일 안에 들어 있기 때문이다. 따라서 영업사원은 상대방을 설득할 필요가 없다.

영업사원이 하는 일은 명확하지 않은 부분이 아직 남아있을 경우 질문에 대답해주는 것뿐이다. 영업용 화술을 발휘하거나 유도하는, 계약을 성사시키기 위한 테크닉은 필요 없다. 즉, 영업 기술이 부족한 신입사원이라고 해도 계약을 성사시킬 수 있다. 이처럼 감정 마케팅을 활용하면 여러분은 광고의 반응을 높일 수 있을 뿐 아니라 계약도 순조롭게 진행할 수 있다.

“

업종이나 시간에 관계없이 응용할 수 있는 이유

”

감정 마케팅을 실천하는 과정에서 광고 반응 데이터를 축적해보면 재미있는 사실을 알 수 있다. 어떤 표현이나 문장이 감정을 자극하는 방아쇠가 되는지 알 수 있다는 것이다. 반응이 매우 좋았던 광고가 있다고 하자. 어떤 감정을 자극해서 그런 반응을 이끌어 냈는지 생각해본다. 그 결과 “아, 그래. 이 말이 방아쇠가 되었구나.”라는 사실을 깨닫게 된다. 이렇게 성공하는 패턴 하나를 발견하면 업종과 관계없이 반응 수를 높일 수 있다. 예를 들어, “아직도 항공권에 돈을 낭비하십니까?”라는 콘셉트는 폭넓은 응용성을 가지고 있다. 항공권뿐 아니라 경비 절감에 마음이 움직이는 고객에게는 똑같은 효과를 낸다. 또, “허락만 해주십시오.”라는 콘셉트도 자존심을 중시하는 고객에게 그대로 응용할 수 있다.

“이 방법은 소비자용 영업에는 사용할 수 있을지 모르지만 법인용으로는 어렵지 않겠습니까?”라는 질문을 흔히 받는다. 그렇지 않다. 법인이라고 해도 구매 결정은 사람이 한다. 따라서 기업이건 개인 소비자이건 감정이 움직이는 메커니즘은 같다.

업종만 관계없는 것이 아니다. 구매자의 인간적 소비감정의 흐름을 읽는 작업이기 때문에 시간 역시 원리원칙은 같다. 이 부분을 많은 회사가 착각한다.

크게 성공한 판촉 기획이 있었다고 하자. 그러나 시간이 지나면 효과가 떨어진다는 이유로 중단한다. 이것은 기획의 표면만을 포착한 결론이다. 그때 왜 성공했는지 소비감정을 이해하지 못하고 있기 때문에 이런 결론을 내리게 되는 것이다. 근본에 흐르는 소비감정을 이해하면 감에 의존한 기획을 하는 실수는 하지 않게 된다. 성공한 이유가 무엇인지 과학적으로 이해할 수 있게 되기 때문이다.

과거 소비세환원 캠페인이 그러했다. 이 캠페인을 처음 실시한 회사는 크게 성공했다. 그러자 모든 회사가 소비세환원 캠페인을 실시했다. 하지만 몇 개월 뒤, 효과가 거의 나타나지 않았다. 그 이유는 왜 효과가 있었는지를 생각하지 않고 표면적인 부분만 흉내를 냈기 때문이다.

당시에는 소비세가 높았기 때문에 소비자들 사이에서 반정부 감정이 높아져 있었다. 그래서 정부를 공통의 적이라고 가정하려면 소비세환원이라는 관점은 절호의 기회였다.

'정부는 여러분의 적. 우리는 여러분 편!'

이처럼 공통의 적을 설정하는 방식으로 소비자의 감정을 움직일 수 있었던 것이다. 적을 설정해서 대중을 움직이는 방식은 특별히 새로운 방식은 아니다. 나치가 유태인을 박해한 것도 결국은 독일 국민을 일체화시키기 위해서였다. 당시 나치를 방문한 일본군 간부는 이렇게 보고했다.

"독일이 부럽다. 유태인이 있기 때문이다. 일본에서는 이렇게까지 국민을 일체화시킬 수는 없다."

적을 설정하면 감정을 자극한다는 원칙은 백 년이 지나도 바뀌지 않는다. 그것은 인간의 근원적인 습성이기 때문이다. 이 사실을 이해하면 소비세환원 캠페인의 효과가 사라졌다고 해도 얼마든지 새로운 아이디어를 낼 수 있다. 정부가 어리석은 정책을 펼 때마다 다양한 관점을 적용할 수 있기 때문이다.

또, 광고나 DM에 대한 반응을 숫자로 측정해보면 표현의 차이에 따라 반응이 몇 배나 달라진다는 사실을 알 수 있다. 그 데이터를 모아 소비감정의 방아쇠를 당길 수 있는 패턴을 찾는다. 대체 어떤 말, 어떤 문장에 반응이 높아질까? 어떤 레이아웃, 어떤 디자인을 했을 때 소비감정이 움직일까?

그런 법칙성을 이끌어 내는 시도가 감정 마케팅이다. 그리고 그 법칙은 업계에 따라 좌우되지 않는다. 유행에 민감하지도 않다. 인간의 심리 법칙이기 때문에 보편성을 가진다.

원 투 원 마케팅을 뛰어넘는다?

감정 마케팅은 지금까지의 마케팅 방법론을 부정하는 것이 아니다. 사실은 모든 방법론을 뛰어넘는다. 즉, 모든 마케팅 방법론을 신하로 두는, 신과 같은 존재다. 이것은 분명한 사실이다.

컨설턴트에게 신은 결과다. 결과를 내지 못하는 컨설턴트는 사회의 쓰레기다. 그렇다면 사실 방법론은 별로 중요한 게 아니다. 결과만 낼 수 있다면 굳이 감정 마케팅이 아니더라도 상관없다. 집객 및 영업의 방법론은 헤아릴 수 없을 정도로 많이 있다.

마케팅이라는 말이 붙는 마케팅 방법론만 해도 매스 마케팅

(Mass Marketing), 원 투 원 마케팅(One to one Marketing), 에어리어 마케팅(Area Marketing), 데이터베이스 마케팅(Database Marketing), 인터넷 마케팅(Internet Marketing), 입소문 마케팅(Viral Marketing)이 있다.

왜 이렇게 많은 방법론이 존재하는 것일까. 컨설턴트가 먹고살기 위해서다. 어려운 말을 해서 클라이언트가 이해할 때까지 시간을 벌지 않으면 즉시 계약이 무산된다. 컨설턴트는 계약을 연장시키기 위해 무슨 뜻인지 명확하게 이해하기 어려운 말을 끊임없이 늘어놓아야 한다. 그렇기 때문에 수많은 방법론이 필요하다.

하지만 아무리 많은 방법론이 있어도 결과를 내는 데에 최종적으로 필요한 것은 단 한 가지뿐이다. 단순하다. '어떻게 고객의 마음을 사로잡는가. 어떻게 고객과 감정적인 연결고리를 만들 수 있는가.'이다. 어떤 방법론이건 최종적으로는 여기에 종착한다. 그리고 이 최종 관문을 돌파하지 못하면 절대로 좋은 결과를 낼 수 없다.

한창 유행했던 원 투 원 마케팅에 관해서 생각해보자. 원 투 원 마케팅이란, 하나하나의 개별 고객을 상대하는 마케팅이다. 즉, 지금까지 매스 미디어 광고에서 개별 고객은 무시당했지만 그것은 시대에 뒤처진 방식이다. 앞으로는 개별 고객을 소중하게 여겨야 한다. 그리고 개별 고객의 데이터에 대응한 상품을 제안하지 못하면 살아남기 어렵다. 그런 취지다.

맞는 말이다. 그렇기 때문에 대부분의 회사가 이 콘셉트에 달려들었다. 그러나 현실적으로는 원 투 원, 즉 판매자와 구매자를 1 대 1로 연결한다는 콘셉트를 이해하고 실천하는 회사는 거의 없다. 특히 대기업일수록 심한 착각을 하고 있다.

현재, 어떤 상황에 놓여 있는지 살펴보면 컴퓨터 회사나 컨설팅 회사가 영업을 하기 위한 표어로서 원 투 원을 내세우고 있을 뿐이다. 그리고 현장 경험도 없는 대기업 관리직이 그 세미나에 참가하고 있을 뿐이다.

실제로 사람들은 원 투 원 마케팅을 어떻게 이해하고 있을까. 결국은 고객의 데이터베이스, POS, 포인트 카드 등의 도입이다. 그리고 어떤 결과가 나올까?

"맥주를 구매하는 고객은 사실 안주를 구매하는 경향이 높았다."

고객 데이터베이스를 도입하면 이런 사실까지 알 수 있다고 기뻐한다. 그러나 이런 사실은 매장에 근무하는 직원이라면 이미 오래전부터 알고 있다. 수천만 엔을 들여 기계를 도입하지 않아도 직원에게 물어보면 얼마든지 공짜로 알 수 있다. 원 투 원 마케팅의 본래 목적은 하나하나의 고객과 마음이 담긴 교류를 하는 것이다. 그렇게 하기 위한 수단으로 데이터를 파악할 필요가 있다.

그런데 반대로 진행되고 있다. 데이터 파악이 목적이 되어버렸고, 데이터를 활용하기 위해 판매 영업을 펼친다. 고객의 입장에서는 피해다. 회원 카드를 만들어도 감사장 하나 날아오지 않는다. 포인트 카드를 만든 레스토랑에서 우편물이 날아와서 보았더니 '이탈리안 파스타 페어 10월 1일부터'라고 쓰여 있을 뿐이다. 이건 아무리 생각해도 개별 고객을 인식한 마케팅이라고 보기 어렵다.

원 투 원 마케팅을 쓰는 업종에서 그나마 개별 고객을 인식하고 있다고 여겨지는 곳이 있기는 하다. 생명보험 DM이다. 봉투에는 '간다 님께 알려 드립니다'라고 쓰여 있다. 그래서 봉투를 열어 읽어보았다. 인사장 안에 '간다 님'이라는 글자가 19군데 쓰여 있었다. 솔직히 토할 것 같았다.

'컴퓨터에 고객 데이터를 입력해서 각각의 고객에게 보내면 매출이 올라간다.'라는 생각은 현장을 전혀 모르는 것이다. 꽤 그럴듯한 분석을 한 결과, 발송한다는 DM이 '○○세일 실시 중'이어서는 고객을 소중하게 여기는 방식이라고 생각하기 어렵다. 즉, 현실적인 상황에서 볼 때 데이터베이스나 포인트 카드 도입이라는 하드웨어적인 측면에서의 지식은 있다. 그러나 어떻게 하면 고객과 마음의 연결을 만들 수 있는가 하는 소프트웨어와 관련된 지식이 전혀 없기 때문에 좋은 결과가 나오지 않는다.

이처럼 원 투 원 마케팅은 크게 왜곡되어 있다. 그리고 앞에서도 말했듯 대기업일수록 착각은 더욱 심하다. 원 투 원 마케팅을 내세우고 덤벼드는 업자들에게 도난 갈취당하고 있을 뿐이다.

인터넷이 빠지는 함정

원 투 원 마케팅을 실제로 사용하는 과정에서 콘셉트만이 앞세워지고 최종적인 도착지, 즉 '고객과의 감정적인 연결을 어떻게 만들 것인가' 하는 부분은 완전히 무시되고 있다. 가장 중요한 부분인데도 불구하고 가장 이해하기 어렵기 때문에 무시당하고 있는 것이라는 생각이 든다. 이런 점에서는 인터넷도 상황은 같다.

많은 회사들은 인터넷이라는 매체 자체에 효과가 있다고 착각한다. 그들은 인터넷에 상품을 올리면 판매할 수 있다고 생각하지만 큰 착각이다. 전형적인 착각을 살펴보자.

과거 인터넷이 멀티미디어라고 불렸던 시대, 컴퓨터 단말기를 사용해서 쇼핑몰을 시작한 회사가 있었다. 회원제로 운영하는데 회원들은 인터넷을 통하여 저렴한 가격으로 쇼핑을 할 수 있다는 콘셉트였다. 상당히 많은 비용을 들여 프로그램을 개발했고 컬러 동영상도 제공했다.

하지만 전혀 팔리지 않았다. 대기업의 투자를 받았지만 얼마 지나지 않아 사라져 버렸다. 여러분이 단말기를 조작하는 상황을 상상해보자. 컴퓨터를 조작하면 화면에 블라우스, 스웨터 등이 빙글빙글 돌아간다. 그 후, 가격과 사양이 표시된다.

'19,800엔. 울 100%'

누가 구매하고 싶은 마음이 생길까? 이 회사의 치명적인 잘못은 무엇일까? 사람은 상품을 구매한다고 믿고 있다는 것이다. 그러나 사람은 상품을 구매하는 것이 아니라 쇼핑이라는 체험을 구매하는 것이다. 즉, 그 옷을 입은 자신을 상상한다. 그리고 그런 모습이 되고 싶다는 감정이 자극을 당한다. 자기실현이 가능할지도 모른다는 바로 그런 체험을 구매하는 것이다.

하지만 컴퓨터 화면에서 빙글빙글 돌아가고 있는 상품을 아무리 들여다보아도 그런 장면을 상상할 수는 없다. 그 결과, 소비 욕구는 전혀 일어나지 않는다. 그런데도 인터넷에 상품

정보를 올리면 '팔린다.'라는 착각이 존재한다. "앞으로는 이커머스 시대다."라고 외치지만 결국 수천만 엔이나 하는 하드웨어를 팔려고 한다. 이래서는 앞에서의 멀티미디어 회사가 범한 잘못을 되풀이할 수밖에 없다. 하드웨어만으로는 팔리지 않는다. 소프트웨어가 있어야 한다.

원 투 원 마케팅이건 인터넷이건 잘 활용하면 엄청난 무기가 된다. 방법론도 마찬가지다. 그러나 어떤 마케팅 방법론이건 결과를 내지 못하면 쓰레기다. 결과를 내기 위한 모든 마케팅 방법론에 공통된 진실의 순간이 있다. 그것은 '고객을 앞에 두고 무슨 말을 하는가'이다. 그 내용에 따라 고객은 마음의 문을 열게 되고 소비 욕구가 발생한다. 이 과정을 거치지 않으면 고객은 절대로 지갑을 열지 않는다.

현재, 집객과 관련된 수많은 방법론이 있고 앞으로도 새로운 방법론은 계속 등장할 것이다. 그러나 어떤 방법론이라도 마지막에는 이 진실의 순간을 만난다. 유감스럽지만 대부분의 방법론은 진실의 순간에 대응하지 못한다. 이유는 가장 중요한, 마지막 퍼즐이 채워져 있지 않기 때문이다. 그 퍼즐을 채워 넣었을 때 모든 시스템에 생명이 깃든다.

그것이 감정 마케팅의 마법이다.

고객을 사로잡는
성공 포인트

- 감정이 광고 선전에 대한 반응을 높인다.
- 어떻게든 고객과 감정적인 연결을 만들어야 한다.
- 고객을 앞에 두고 무슨 말을 하는가에 따라 고객의 소비 욕구가 고개를 든다.

4장

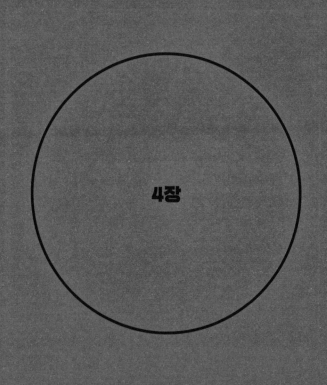

고객이
자동으로 증가하는
시스템

“

고객을 끌어들이는 설계도

”

“감정의 움직임을 이해하면 몇 배나 되는 고객을 모을 수 있다는 말은 이해했지만…. 구체적으로 무엇을 해야 좋을지 모르겠어.”

이런 마음은 이해한다. 약간의 표현 차이로 매출이 크게 향상되는 것 자체를 이해한 것만으로도 커다란 진전이다. 왜냐하면 이 책을 읽지 않은 대부분의 사람은 상품이나 품질이 고객을 모으는 힘을 결정한다고 생각하고 있으니까. 그래서 매출을 향상시키기 위해 가격을 인하하거나 경품을 내걸거나 밤늦게까지 쉬지 않고 움직이지만 고객이 모인다는 보증은 어디에도 없다. 집객에 실패하는 경우, 노력한 만큼 마이너스 효과가 나타날 뿐이다.

한편, 여러분은 같은 상품을 판매한다고 해도 표현을 연구하는 것만으로 반응을 몇 배나 향상시킬 수 있다는 사실을 알았다. 그렇다면 이제 머리만 사용하면 된다. 지출 비용은 전혀 늘지 않는다. 노동시간이 길어지는 것도 아니다. 광고의 표현을 바꾸는 것뿐이다. 잠들어 있는 동안에도 광고가 혼자 일을 해서 몇 배나 되는 전화가 걸려 오게 만드는 것이다. 이 언어의 마법을 알고 있는 것만으로도 상당한 진전이다. 그러나 여러분의 회사를 고수익 기업으로 바꾸기 위해 또 한 가지 중요한 사항이 있다. 바로 설계도다.

앞서 감정 마케팅이란, 여러분이 고객을 찾는 것이 아니라 고객이 여러분을 찾는 방식이라고 설명했다. 이것은 상식적으로 생각하면 있을 수 없는 일이다. 이 비상식을 실현시키는 것이 설계도다. 설계도라는 개념을 이해하기 위해 이미지를 떠올려보자.

여러분의 회사에는 커다란 문이 부착되어 있다. 고객이 문을 노크한다. 문을 열자 계단이 눈앞에 있다. 고객이 여러분의 상품을 구매하려면 계단을 올라가 여러분이 있는 장소까지 도달해야 한다. 문을 두드린 시점에서 고객은 여러분이 있는 장소까지 가서 돈을 지불할 것인지는 아직 결정하지 않았다. 여러분이 내려가 설득하려 하면 고객은 겁을 먹고 문을 닫고 도망쳐 버릴 것이다.

그래서 여러분은 고객이 계단을 올라오는 모습을 지그시 지켜보기만 한다. 이 계단이 너무 높거나 오르기 힘들다면 고객은 도중에 포기하고 돌아갈 것이다. 그러나 이 계단이 낮고 오르기 쉽게 만들어져 있다면, 또 한 계단 오를 때마다 인센티브가 있다면 고객은 스스로 계단을 올라올 것이다. 즉, 여러분이 굳이 노력해서 영업하지 않아도 고객은 계약이 성사될 때까지 자발적으로 다가온다.

여러분의 회사가 고수익 기업으로 변신하려면 이런 계단을 설계해야 한다. 이 설계도를 가지고 있지 않으면 아무리 광고를 이용해서 감정을 자극하여 현재보다 수십 배의 고객을 확보한다고 해도 아무런 의미가 없다. 계약이 이루어질 확률이 올라가지 않기 때문이다.

결과가 따르지 않는 광고 표현은 언어유희일 뿐이다. 언어유희로 끝나지 않으려면 설계도가 반드시 갖추어져 있어야 한다.

영업에서의 설계도의 역할

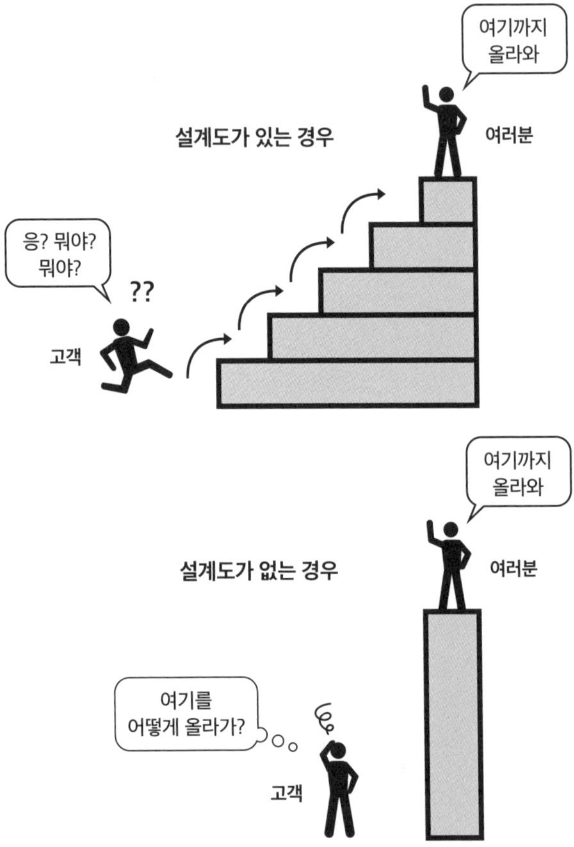

계단이 낮고 편하면 적절한 인센티브(오퍼)에 의해
고객은 자발적으로 계단을 오르기 시작한다.

고객을 끌어들이는 설계도의 3대 포인트

설계도를 만들 때 중요한 포인트는 3가지다. 이 포인트를 파악하면 고객이 여러분을 찾아와 상품을 구매하는, 중력의 법칙에 위배되는 듯한 일이 발생한다. 이 3가지 포인트에 관해 하나하나 확인해보자.

설계도의 첫 번째 포인트는 광고 선전으로 상품을 파는 것이 아니라 흥미 있는 사람들을 모으는 데에 집중하는 것이다. 여행 회사 광고를 떠올려 보자. 이 회사가 상품 판매를 목적으로 삼았다면 광고의 메시지는 어떻게 될까?

'비즈니스 클래스의 항공권이 싸다.'가 된다. '싸다'는 이유로 고객이 '구입하고 싶다.'라는 생각에 전화를 걸어올까? 현실은 그렇게 만만치 않다. 구매를 결정하기까지 고객은 여러 가지 생각을 한다.

"좀 더 싼 곳이 있을지도 몰라."

"가격이 싸기로 유명한 그 항공사라면 더 쌀 수도 있어."

"지금 이용하고 있는 여행사에 이 가격을 보여주고 더 싸게 해달라고 말해봐야겠다."

"지금은 여행 갈 생각이 없으니까 나와 관계없는 일이야."

이처럼 수많은 장벽이 존재한다. 고객은 이 장벽을 넘어야 전화를 걸어온다. 이것을 앞에서 소개한 계단의 이미지로 설명하면 고객이 문을 연 순간, 절벽이 앞을 가로막고 있는 상황이다. 여러분에게 다가오려면 절벽을 기어 올라가야 한다. 따라서 광고의 접근방법을 바꾸어야 한다.

반응이 좋았던 쪽의 광고는 '가격이 싸니까 구매하라'는 접근방법을 취하지 않는다. 해외여행의 헤비유저를 모집한다는 접근방법을 취하고 있다. 즉, 항공권을 구입할 가능성이 높은 사람을 모집하는 광고인 것이다. 상품 광고가 아니라 인재모집 광고라고 생각하면 된다. 여기에 이 책을 읽지 않고는 알 수 없는 비밀이 숨겨져 있다. 극비사항이기 때문에 다른 사람이 보기 어렵게 작은 글씨로 설명한다.

상품을 판매하는 광고보다 그 상품에 흥미가 있는 사람을 모집하는 광고 쪽이 훨씬 간단하다.

여러분이 일을 찾고 있다고 생각해보자. 그럴 경우, 인재모집 광고를 읽을 것이다. 그때 큰 광고와 작은 광고에 차이가 있을까? 작은 광고라도 놓치지 않고 찾아보려고 하지 않을까? 이처럼 특정 대상을 찾는 사람은 아무리 작은 광고라고 해도 찾아내서 읽는다. 그렇기 때문에 상품을 파는 것보다 상품에 흥미가 있는 사람을 모집하는 쪽이 훨씬 간단하다.

이 사실을 아는 것만으로 여러분은 경쟁자를 더 크게 앞설 수 있다.

“

‘미래 고객’이 안겨주는 3가지 가치

”

상품을 판매한다는 접근방식에서 구매 가능성이 있는 고객을 모집하는 접근방식으로 변경하면 ‘현재 고객’이 아니라 ‘미래 고객’도 모이기 시작한다. ‘현재 고객’이란 말 그대로 지금 당장 구매해 주는 고객, ‘미래 고객’은 앞으로 구매를 해 줄 가능성이 있는 고객이다.

이미 깨달았을 테지만 대부분의 비즈니스는 ‘현재 고객’만을 모은다. 안타까운 일이 아닐 수 없다. 미래 고객을 모으면 간단히 얻을 수 있는 수많은 장점을 놓치고 있기 때문이다. 그 장점 중, 특히 중요한 3가지 점을 확인해보자.

첫 번째 장점은 ‘미래 고객’에게는 경쟁 회사가 달려들지 않는다는 점이다. '미래 고객'과 비교할 때 '현재 고객'에게는 경쟁 회사들이 몇 군데나 접근해 있다. 예를 들어, 주택을 지으려는 고객을 생각해보자.

반년에서 1년 이내에 주택을 신축하고 싶은 고객, 즉 '현재 고객'은 어떤 행동을 할까. 우선 잡지를 구입해서 연구를 한다. 다음 단계에서는 주택 전시장에 가거나 각 주택 기업에 팸플릿을 요청한다. 일반적으로 고객은 평균 7~10개 사의 팸플릿을 요청한다. 즉, 이 단계에서 7~10개 사가 함께 경쟁을 시작한다. 고객은 그중에서 3~5개 사로부터 상세한 설명을 듣고 견적도 받는다.

그 후, 최종적으로 한 곳을 결정하는데 그동안 이 한 명의 고객에게 몇 개의 회사가 필사적으로 달려들어 모든 영업사원이 한결같이 "우리 회사의 주택은 최고입니다."라고 말한다. 그럴 경우, 무슨 일이 발생할까? 고객은 혼란스러워지고 "결국 주택은 모두 마찬가지야. 그렇다면 가장 싼 곳을 선택하자."라는 가격경쟁에 빠진다.

가격경쟁을 시작하면 이득을 보기 어렵다. 그 결과만 나오는 것이 아니다. 이 경쟁은 단거리 경주다. 즉, 전속력으로 달리지 않으면 이길 수 없다. 더구나 경합 상대의 속도에 맞추지 못하면 탈락한다. 전망이 전혀 보이지 않는데도 불구하고 전속력으로 달려야 하는 경쟁을 해야 한다. 이런 상태라면 숨이 끊어지지 않기만을 기도해야 한다.

한편 "뭐, 2년 후 정도에는 집을 짓고 싶기는 하지만 아직은 여유가 없어서…."라는 '미래 고객'을 모으면 어떻게 될까? 그 단계에서는 경쟁 상대가 매우 적다. 경쟁 상대보다는 자신과의 경쟁을 벌이게 된다. 고객에게 신뢰를 얻고 감정적인 관계를 만들 수 있는가 하는 경쟁이다. 고객에게 신뢰를 얻는다는 것은 '집을 짓게 된다면 이 사람에게 부탁해야겠어.'라고 생각하게 만드는 것이다. 타사에 전화를 거는 것도 아니다. 즉, 타사와 경쟁하기 전에 승부를 결정짓게 된다.

“

외줄낚시를 할 것인가, 그물을 놓아 물고기를 잡을 것인가

”

‘미래 고객’을 모으는 두 번째 장점은 집객비용이 싸다는 것이다. ‘미래 고객’을 모을 수 있다면 동시에 ‘현재 고객’도 모을 가능성이 높기 때문이다. 예를 들어, 물고기를 잡을 때 외줄낚시를 쓰는 방법과 투망을 이용하는 방법, 이 2가지 어법을 머릿속에 그려보자. 외줄낚시로 원하는 물고기를 낚으려면 테크닉이 필요하다. 또 경험도 있어야 한다. 하지만 투망을 던지면 원하는 물고기뿐 아니라 그 외의 다른 물고기들도 걸려든다.

고객을 물고기에 비유해서 미안하지만, 투망을 던지면 ‘현재 고객’과 ‘미래 고객’을 동시에 잡을 수 있다. 그럴 경우, 한 마리당 들어가는 비용을 대폭으로 삭감할 수 있다.

집객방법 비교: 1STEP vs 2STEP 마케팅

1STEP 마케팅(외줄낚시)

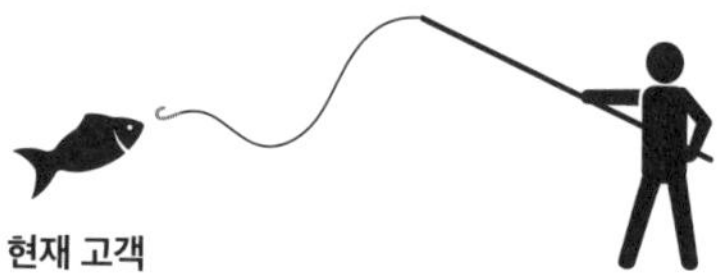

2STEP 마케팅(투망)

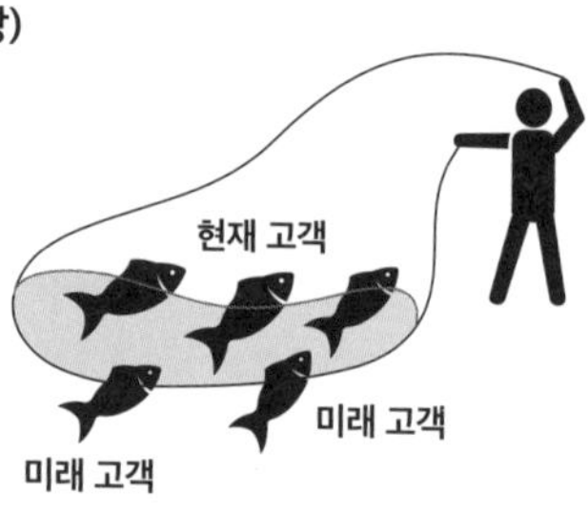

'현재 고객'만을 대상으로 삼는 것보다
'미래 고객'을 포함시키는 쪽이 훨씬 효율적이다.

이 비유를 실제 비즈니스로 치환해보면 어떻게 될까? 실례를 소개해보자.

다음 페이지에 2가지 광고가 있다. 같은 신문에 같은 크기로 노출된 화장품 광고다. 어떤 점이 다른지 알 수 있을까? 표제를 보자. 본문 내용은 거의 비슷하지만 카피가 다르다.

첫 번째 광고는 이 상품은 훌륭하니까 구매하라는 접근방식이다. 즉, '현재 고객'을 모으는 광고다. 두 번째 광고는 '샘플을 드릴 테니까 우선 시험해 보라'는 접근방식이다. 즉, '미래 고객'을 모으는 광고다. 당연히 후자 쪽의 광고가 반응이 좋다. 문제는 어느 정도나 차이가 나는가 하는 것이다. 전자의 구매 건수는 1건이다. 거기에 비해 후자는 60건의 샘플 요청이 들어왔다. 60배의 차이이다. 최종적으로는 어느 정도나 팔렸을까?

그 후, 샘플 청구자들 중에서 12명이 구입을 했다. 그렇다면 매출에서 12배의 차이가 있다.

사실 이 광고를 낸 회사는 처음부터 후자 쪽의 광고를 내려고 했다. 그러나 광고 대리점이 실수로 전자의 내용으로 광고를 내버렸다. 그래서 미안함을 느낀 광고 대리점이 후자 쪽의 광고를 무료로 게재해주었다. 그 결과, 매우 귀중한 데이터를 얻을 수 있었다.

1STEP을 2STEP으로 바꾸는 것만으로 매출이 12배 상승

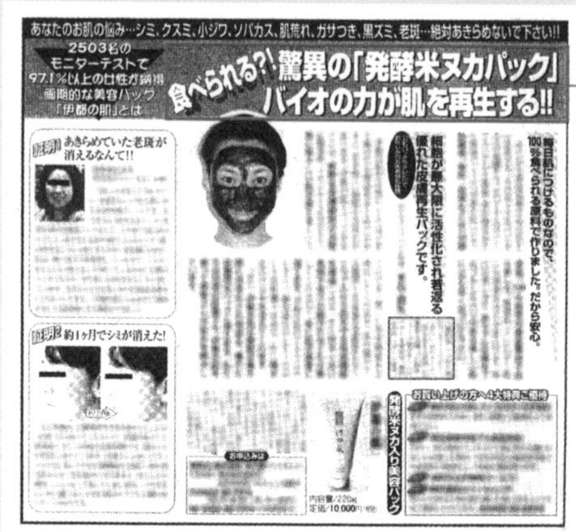

먹을 수 있다?
놀라운 '발효쌀겨 팩'
바이오 파워가
피부를 재생시킨다!

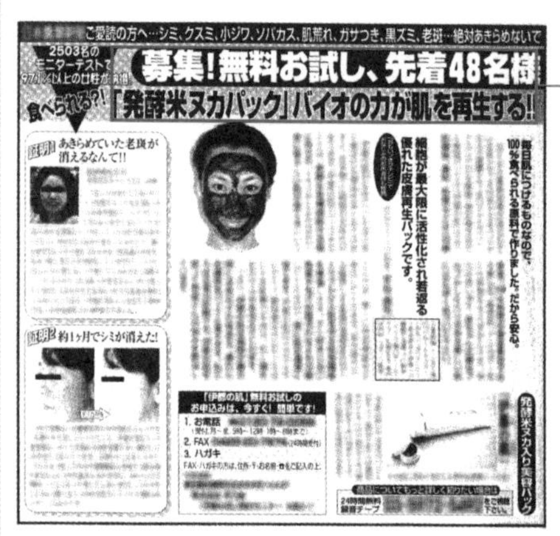

모집! 무료 체험,
선착순 48명
놀라운 '발효쌀겨 팩'
바이오 파워가
피부를 재생시킨다!

그 데이터가 보여준 결과는 '현재 고객'만을 모을 것인가, 아니면 '미래 고객'도 모을 것인가를 판단할 수 있는 재료가 되었다. 그 차이는 10%나 30% 수준이 아니었다. 1,200% 매출의 차이다. 12배의 매출 차이가 발생한다면 당신은 어느 쪽의 접근방식을 선택할 것인가? 샘플을 보내거나 '미래 고객'을 관리하기 귀찮으니까 첫 번째 접근방식을 선택할 것인가? 만약 그렇다면 여러분의 경쟁자는 운이 좋은 것이다. 단기간에 여러분 회사의 시장점유율을 급속도로 잠식할 수 있으니까.

이렇게 하면 '현재의 고객'을 만들 수 있다

'미래 고객'을 모으는 세 번째 장점은 '현재 고객'으로 육성할 수 있다는 것이다. 앞에서의 주택을 예로 들면 '미래 고객'은 '뭐, 2년 후 정도에는 집을 짓고 싶기는 하지만….'이라고 생각하는 고객이었다. 그러나 '2년 후 정도에는'이라고 생각하는 고객이 일단 움직이기 시작하면 2년이라는 시간은 매우 짧아진다. 그 시기를 단축하는 원인은 무엇일까?

정보량의 증가에 따른 선택판단 기준의 명확화다. 무슨 말일까?

이 사람은 일단 주택을 가지고 싶다는 생각에 작은 행동을 시작한다. 잡지를 구입하거나 주택 회사로부터 자료를 받기도 한다. 또, 영업사원과 통화도 한다. 이처럼 다양한 정보들이 들어온다. 그럴 경우, 지금까지는 '여유가 없어서…'라고 생각했음에도 불구하고 '약간 무리를 하면 충분히 구입할 수 있을지도 모르겠는데.'라고 생각하게 된다. 그러던 중, 어떤 식으로 설계를 하면 좋겠는지, 마당은 어떻게 할 것인지 등 여러 가지 상상을 하는 시간이 증가한다. 즉, 일단 작은 행동을 시작하면 눈사태가 난 듯 급속도로 꿈이 부풀어 오른다.

이처럼 상품에 관한 정보의 양이 증가하면 구매의욕이 높아진다. 그 결과, 말은 2년이지만 실제로는 작은 행동을 일으킨 이후 대부분의 고객이 1년 이내에 주택을 신축한다. 주택뿐이 아니라 다른 상품에서도 비슷한 전개를 볼 수 있다. 자동차건 여행상품이건, 정보가 증가하면 더욱 원하게 된다.

보험이나 장례도 마찬가지다. 물론, 보험이나 장례는 본래 니즈(필요성)는 높지만 원츠(욕구)가 적은 상품이다. 즉, 그다지 생각하고 싶지 않은 상품이기 때문에 이런저런 공상을 하는 경우는 적다. 그러나 정보의 양이 증가하면 구매 결정이 단기화된다는 점에서는 그대로 적용할 수 있다.

이처럼 '미래 고객' 육성은 매우 유리한 방식이지만 현실적인 비즈니스에서는 제대로 활용하지 못하고 있다.

‘현재 고객’만을 쫓는 회사와 ‘미래 고객’을 만들어 내는 회사의 3년 후 모습

전에 어떤 주택 회사의 전단을 보았는데 주택에 관심이 있으면 자료를 요청하라는 내용이 쓰여 있었다. 요청을 하면 집을 짓는 비결을 알 수 있는 비디오테이프와 미키마우스 컵을 보내준다는 것이었다.

나는 주소와 이름을 써서 엽서를 보냈다. 그 결과, 내가 상상했던 것과는 전혀 다른 전개가 펼쳐졌다. 엽서를 보낸 지 2~3일 후, 영업사원이 컵을 들고 우리 아파트까지 찾아왔다. 비디오테이프는 가져오지 않았다. 재고가 없었던 듯하다.

영업사원은 아내와 2~3분 정도 이야기를 나누었다. 그 당시 우리 부부는 “이제 슬슬 집을….” 하고 구체적인 이야기를 나누고 있었다. 그러나 그런 생각들을 영업사원에게 알려줄 리 없다. "지금은 생각이 없고 뭐, 5년 후 정도에는 구입할까 생각하고 있어요."라고 아내는 대답했다.

그러자 그 후, 이 영업사원으로부터 전혀 연락이 없었다. 비디오테이프도 가져오지 않았다. 회사로부터 정보지가 날아오지도 않았다. 연락이 완전히 끊어져 버린 것이다. "뭐야. 무슨 영업을 이렇게 쉽게 포기하지?" 하는 생각에 맥이 빠졌다.

영업에 열의를 보이지 않는 이유는 명백하다. 애당초 우리 가족은 땅을 소유하고 있지 않다. 그리고 세대주인 나는 정체를 알 수 없는 회사를 갓 설립한 상태다. 이런 이유에서 가능성이 없는 고객이라고 판단한 것이다. 그 후, 부동산 회사도 몇 군데 만나보았다. 그러나 세 번 이상 연락을 취해 온 곳은 없다. 당신도 기회가 있으면 시험해 봤으면 좋겠다. 이렇게 대응하는 회사는 매우 많다. 방문한 시점에서 '지금 당장 구입해줄' 고객이 아니면 영업사원은 즉시 포기를 해버린다.

그러나 그 자료를 요청하는 전화 한 통을 받기 위해 회사는 얼마나 많은 경비를 사용했을까. 전형적인 반응률을 바탕으로 계산해보면 한 통의 전화에 10만 엔 가까이 들어간다. 즉, 그 전화 한 통의 가치를 모르는 어리석은 회사는 10만 엔을 쓰레기통에 버린 셈이다.

한편, 전화 한 통의 가치가 어느 정도인지 잘 알고 있는 회사는 어떻게 할까? 그 시점에서부터 '미래 고객'을 육성하기 위한 활동을 시작한다. 지금 당장 구입해줄 고객은 아니지만 정기적으로 정보지를 보내고 영업사원을 방문하게 한다. 그렇게 해서 정보를 끊임없이 제공해준다. '정보의 양은 구매의욕을 높인다.'라는 법칙을 따르는 것이다.

고객을 육성한다는 의식을 가진 회사와 10만 엔을 쓰레기통에 버리는 회사, 몇 년 후 이 차이는 어느 정도나 벌어질까? 이 차이는 그저 단순히 10만 엔을 버리는 것으로 끝나지 않는다. 10만 엔을 버린 회사는 끊임없이 '현재 고객'을 찾는 비용을 들여야 한다. 이런 회사는 경기가 나빠지면 직격타를 맞는다. 고객이 전혀 없기 때문이다.

한편, '미래 고객'을 육성해야 한다는 사실을 잘 알고 있는 회사는 고객을 비축할 수 있다. 그리고 지속적으로 광고를 내지 않아도 비축한 고객 중에서 시간의 흐름과 함께 '현재 고객'이 하나둘 탄생한다.

이런 회사는 경기가 나쁠 때 전단지를 배포하지 않는다. 전단지를 배포해도 어차피 반응은 나쁘기 때문이다. 그 대신, 지

정보의 양이 증가하면 구매의욕이 높아진다

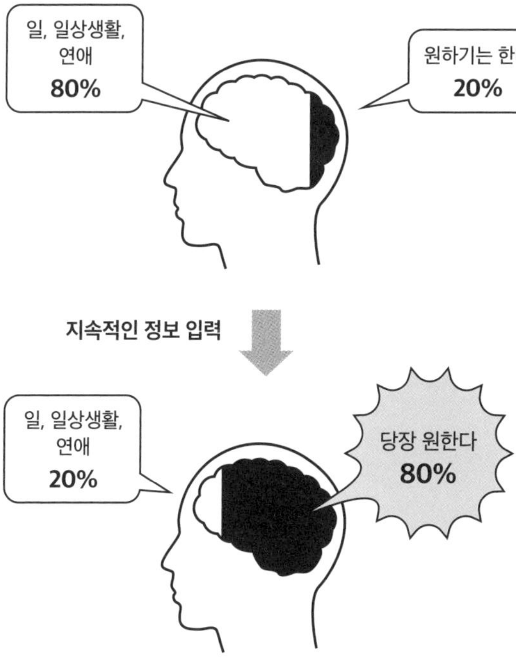

정보가 증가하면 구입이 현실감 있게 다가온다.
거기에 대응하여 구매의욕이 높아지고 구매를 하는 시기도 단축된다.

금까지 비축된 고객에게 보다 매력적인 오퍼를 제공하여 신규 고객을 확보한다. 이처럼 안정적이면서 앞을 내다볼 수 있는 경영을 할 수 있게 된다.

여러분이 '현재 고객'만 대상으로 삼는 영업 전략을 취하고 있다면 지금까지 엄청난 손해를 보았다는 사실을 깨달았을 것이다. 하지만 실망할 필요는 없다. 지금 후회한다는 것만으로도 큰 소득이다. 여러분의 경쟁 상대는 아직도 이런 사실을 깨닫지 못하고 있을 테니까.

이렇게 하면 '미래의 고객'이 모인다

'미래 고객'을 모으지 못하면 엄청난 손해를 본다는 사실을 알았다. 그렇다면 어떻게 해야 '미래 고객'을 모을 수 있을까? '미래 고객'을 모으려면 상품을 직접 판매하는 것보다 그 상품을 구매할 가능성이 높은 고객을 모집해야 한다고 설명했다. 그 구매 가능성이 있는 고객을 모집할 때 효율적인 것이 정보 수단이다.

정보 수단은 무엇일까? 그리고 어떻게 활용해야 할까? 예를 들어, 여행 회사가 몇 번이나 해외여행을 다녀온 고객을 목표로 영업을 한다고 하자. 우선 해외여행을 좋아하는 고객이 읽고 싶어 할, 간단한 가이드북을 만든다. 제목은 '승무원이 가르쳐주지 않았던 (비밀) 장소 101선: 뉴욕 편'이라고 하자.

다음에, 그 가이드북을 무료로 선물한다는 광고를 낸다. 이 광고는 큰 공간이 필요 없다. 특별히 뉴욕 여행에 관해 설명할 필요도 없고 일정이나 가격도 기재할 필요가 없으니까 아주 작은 지면으로도 충분하다. 그냥 단순히 이 가이드북을 원하는 사람에게 무료로 선물한다는 것만 안내하면 된다. 예를 들면, 이런 느낌이다.

> 여행을 좋아하는 여러분에게.
>
> 무료 가이드북을 증정 중. 선착순 50명.
>
> '승무원이 가르쳐주지 않았던 (비밀) 장소 101선: 뉴욕 편'
>
> 서점에서는 판매하지 않습니다.
>
> 상세한 내용은 24시간 무료음성안내 ARS 0120-○○○-○○○○를 지금 들어보십시오.

이 정도로 짧은 문장이라면 광고 예산은 수천 엔에서 수만 엔이면 충분하다. 단, 이렇게 정보가 적으면 불신할 수 있기 때문에 ARS로 더욱 상세한 정보를 제공한다. 그리고 가이드북을 요청하게 한다. 즉, 작은 광고에서는 ARS를 들으라는 내용에만 전념한다. 그럴 경우 상대는 영업사원으로부터 끈질긴 질문을 받을 필요가 없기 때문에 아무런 경계심 없이 정보를 얻을 수 있다. 또 밤늦게 귀가해서도 전화를 걸 수 있다. 따라서 반응 건수가 증가한다.

이 ARS는 부재중 녹음기능을 사용해도 되고 컴퓨터를 이용하여 자동응답시스템을 활용해도 된다. 물론, ARS에 얽매일 필요는 없다. 인터넷을 사용하는 세대를 대상으로 삼고 있는 회사라면 홈페이지 주소를 게재해도 된다. 또 법인을 대상으로 삼고 있는 회사는 팩스 정보 박스를 활용할 수 있다. 요컨대, 구매 가능성이 있는 고객은 영업적 접근을 경계하고 있기 때문에 사람을 상대할 필요 없이, 상대방에게 알려지는 일 없이, 정보를 얻을 수 있는 구조를 만들면 된다.

리모델링 회사가 시공할 가능성이 있는 고객을 대상으로 영업을 한다면 '낡은 주방을 쾌적하게 사용한다! 지적 여성을 위한 7가지 힌트!'라는 소책자를 배포하는 방식을 생각할 수 있다. 그 소책자를 요청하는 고객은 필연적으로 낡은 주방을 사용하고 있을 가능성이 높다. 이처럼 정보 도구의 제목은 여러 가지가 있을 수 있다.

"○○는 아직 사지 마라! 업계 ○년차 베테랑 영업사원의 고백."

"실수로 가득한 ○○ 고르기. 몰라서는 안 될 7가지 포인트."

"○○로 실패하는 사람, 성공하는 사람. 그 종이 한 장의 차이는?"

이 ○○안에 여러분이 판매하고 있는 상품이나 서비스를 넣으면 된다. 주의해야 할 점은 자료를 요청하는 고객의 수를 늘리려면 정보 수단의 제목이 중요하다는 것이다. 우선 제목이 흥미를 유발할 수 있어야 한다.

앞에서의 여행 회사를 예로 들어 '뉴욕 여행 가이드: 안전하게 즐기려면'이라는 제목이라면 아무도 가이드북을 요청하고 싶은 생각이 들지 않을 것이다. 관광안내소에 가면 대부분 그런 제목의 책자들이 놓여 있기 때문이다. 또 리모델링 회사의 예를 들면 '실패하지 않는 리모델링 공사의 지식' 정도로는 고객의 관심을 끌어내기 어렵다. 이것도 이유는 마찬가지다. 골치 아픈 교과서를 읽는 듯한 표제이기 때문이다.

제목을 보는 것만으로 읽고 싶어져야 한다는 것이 포인트다. 그 정보를 얻지 못하면 손해를 보는 듯한 기분이 들어야 한다. "힘들여 만든 소책자를 선물해도 반응이 거의 없습니다."

라는 한숨이 나온다면 그 대부분의 이유는 제목이 너무 시시하기 때문이다.

“어떻게 하면 고객이 신뢰하는 어드바이저가 될 수 있을까?”

내가 이 정보 수단을 활용하라고 권하는 이유는 ‘미래 고객’을 모으기 위해서만이 아니다. 여러분과 고객과의 인간관계에 근본적인 차이를 만들기 때문이다. 여러분과 고객이 정보 제공이라는 스텝 없이 접촉하는 경우, 그 인간관계는 어떤 말로 묘사할 수 있을까?

판매 영업사원과 판매를 유도 당하는 고객의 관계다. 그것은 적대관계다. 적대관계이기 때문에 고객은 본심을 말하지 않는다. 구매할 생각이 있어도 결코 구매하겠다는 모습을 보이지 않는다. 그리고 여러분이 볼 수 없는 장소에서 경쟁 상대와 상담을 한다. 즉, 여러분은 고객에게 “구매해 주십시오.”라고 부탁하는 입장이고, 고객은 "구매할 테니까 더 싸게 주십시오."라는 입장이다.

반면에 정보 제공이라는 스텝을 밟으면 어떻게 될까? 고객과의 인간관계가 처음부터 다르다. 고객은 여러분을 전문가로 인식한다. 어떻게 하면 전문가로서 자리매김할 수 있을까?

우선 고객을 아쉽게 만들어야 한다. 정보 제공이라는 스텝을 첨가하면 여러분은 "원하는 분에게 이 가이드북을 드립니다."라는 입장이다. 한편 고객은 "자료를 보내주십시오."라고 부탁하는 입장이다. 이처럼 우선 고객이 아쉬워져야 그 후의 영업이 매우 순조롭게 진행된다. 여러분이 상품에 대한 지식을 충분히 가지고 있다면 "○○를 구매한다면 △△씨에게 구매해야겠어."라는 식으로 전문가로서 신뢰를 받게 된다. 즉, 고객과의 위치를 처음에 잘 설정하면 이후에는 자동으로 계약 성사로 이어지게 되는 것이다.

반대로, 영업사원이라는 인식을 심어주면 영업은 단번에 어려워진다. 아무리 우수한 지식과 멋진 서비스를 제공해도 여러분은 수많은 영업사원 중의 한 명일 뿐이다. 그런 불신을 뛰어넘어 신뢰를 얻고 계약을 성사시켜야 한다. 그 결과, 상당히 먼 길을 돌아가게 된다.

이 관계성은 최종적으로 계약이 성사될 때 가격에도 당연히 큰 영향을 끼친다. 여러분을 영업사원으로 생각하는 고객은 "좀 더 싸게 주십시오."라고 가격을 낮추려 한다. 그러나 아쉬워진 고객은 가격을 깎아달라는 교섭은 거의 하지 않는다.

이처럼 고객과 처음 접촉하는 순간에 여러분의 위치가 결정되어 버린다. 그리고 한번 구축한 위치 관계를 바꾸기는 매우 어렵다. 고객을 처음 접하는 순간은 이렇게 중요하다. 그러나 현재의 비즈니스 99%는 이 부분에서 많은 실수를 저지르고 있다.

'영업은 의욕이다, 영업은 열의다.'라는 식으로 맹목적으로 믿는다. 그 결과, 고객과 처음부터 필요도 없는 적대관계를 만들어 버린다. 그리고 그 적대관계를 없애기 위해 쓸데없이 많은 노력을 기울인다.

포지셔닝(고객과의 위치 관계)

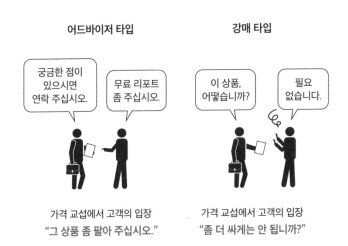

어드바이저 타입

궁금한 점이 있으시면 연락 주십시오.
무료 리포트 좀 주십시오.

가격 교섭에서 고객의 입장

"그 상품 좀 팔아 주십시오."

강매 타입

이 상품, 어떻습니까?
필요 없습니다.

가격 교섭에서 고객의 입장

"좀 더 싸게는 안 됩니까?"

같은 상품을 제공하더라도
고객과 영업사원의 위치에 따라 가격이 크게 좌우된다.

고객을 아쉽게 만든 후에는 어떻게 해야 할까?

일단 고객을 아쉽게 만든다. 이것이 고객과 여러분 사이 관계를 결정하고 나아가 최종 가격에까지 커다란 영향을 끼친다는 사실은 충분히 이해했을 것이다. 그리고 정보 수단은 흥미 있는 고객을 아쉽게 만들기 위해 매우 중요한 것이었다. 자, 고객을 아쉽게 만든 후에는 어떻게 해야 할까?

그 이후에도 단계를 밟아 영업을 해야 한다. 나는 이것을 '단계식 영업'이라고 부른다. 광고 선전으로 상품을 파는 것이 아니라 그 상품에 흥미가 있는 사람을 모집하는 쪽이 간단하다고 설명했다. 즉, 광고의 본질은 단번에 판매하는 것이 아니라 구매 가능성이 있는 고객리스트를 만드는 데에만 주력하는 쪽이 낫다는 것이다. 이처럼 광고 선전에서는 몇 가지 목적을 달성하려 하는 것이 아니라 한 가지 목적으로 압축하는 것이 좋다.

사실 그 이후의 영업에서도 여러분이 하나의 행동을 할 때는 하나의 목적으로 압축하는 것이 중요한 포인트다. 고객이 가볍게 한 걸음 더 내딛도록 하는 것을 목적으로 삼아야 한다.

하나의 목적으로 압축한다는 말은 계단 하나하나를 가능하면 편하고 순조롭게 올라오도록 유도한다는 의미다. 계단을 편하게 오르게 하면 신뢰 관계는 더욱 깊어져 고객이 자발적으로 계단을 오르게 된다. 그러나 그 계단이 편하지 않고 너무 높아 힘이 든다면 고객은 당신에게 다가오기 힘들어진다.

감정 마케팅의 전략 세우기부터 실행까지

이제 이 단계식 영업에 관한 설명과 함께 지금까지 설명해 온 도구, 즉 정보 도구를 사용해서 '미래 고객'을 모으는 수단들을 구체적으로 어떻게 조합시켜야 좋은지 예를 들어 종합적으로 설명해보자.

주차장 관리 시스템을 판매하는 기업이 있다고 하자. 이 기업의 주차 유도 시스템을 어떻게 판매해야 좋을까? 함께 고민해보자. 먼저 상품을 살펴보자.

백화점, 대형마트, 레스토랑 등의 주차장은 매우 혼잡하다. 고객은 주차장에 들어가도 어디에 주차를 해야 좋을지 몰라 빙글빙글 돌기만 한다. 하지만 이 주차장 관리 시스템을 도입하면 입구의 전광판을 통해서 주차장 전체의 상황을 확인할 수 있다. 또, 어떤 장소가 비어 있는지 표시등으로 번호를 알려준다.

주차장 이용이 편리해지면 찾아오는 고객의 수도 증가한다. 또, 주차장을 관리하는 직원도 줄어들어 경비도 절감된다. 이처럼 장점이 큰 상품이다. 여러분이라면 이 상품을 어떻게 판매할까? 우선 이 상품의 단점부터 생각해보자.

첫째, 가격이 수백만 엔부터 천만 엔을 넘는다. 품질과 비교할 때 가격이 지나치게 높아서 판매가 힘든 것이 아니다. 그 정도 예산의 결재권을 가지고 있는 사람이 누구인지 특정 지을 때까지 시간이 걸리기 때문에 힘들다.

예를 들어, 이 상품의 구입을 결재할 수 있는 사람은 몇 개의 점포를 가지고 있는 사장일까, 점장일까? 아니면 본사의 관리부장일까? 그것도 아니면 기획부서의 책임자일까?

전형적인 답변은 '결재 담당자는 회사마다 다르다.'이다. 그럴 경우, 누구를 상대로 영업을 해야 할지, 각 회사마다 조사를 해 봐야 한다.

그 성가시고 복잡한 작업을 해서 결재 담당자를 특정 지었다고 하자. 그리고 영업을 하기 위해 그 담당자를 찾아갔다고 하자. 그러나 결재 담당자 역시 이 상품의 구입을 결정하는 데에는 심리적인 부담이 매우 크다. 단가가 비싸기 때문에 혼자서 결정하기 어렵다. 그래서 사내의 관련 부서와 의논을 한다.

지금 당장 필요한 상품은 아니다. 이 밖에도 해야 할 일은 산더미처럼 쌓여 있다. 그 때문에 이런 일은 가능하면 뒤로 미루게 되고 우선순위에서 제외된다.

이상과 같은 상황을 생각하면 아무리 순조롭게 진행된 경우라고 해도 도입하기까지 최소 3달에서 1년은 걸리지 않을까? 그럴 경우, 처음에는 매출이 전혀 오르지 않는다. 하지만 그런 상황에서도 사원들의 급여는 꼬박꼬박 지불해야 한다. 그 때문에 초반에는 자금 부족 문제로 고민하게 된다. 이 상황을 어떻게 헤쳐나가야 할까?

상식적인 영업 패턴은 인맥을 활용하여 사장을 직접 만나거나, 담당자를 술자리로 유혹해서 인간관계를 강화하는 식으로 조금이라도 빨리 결정을 내리도록 하기 위해 모든 수단과 방법을 동원한다.

물론, 이 영업 패턴은 1 대 1 상태로 육탄전을 벌이는 효과를 내지만, 전략이 아니기 때문에 고객을 체계적으로 확보하기는 어렵다. 그리고 계약 성사 확률도 소개 여부, 담당자의 이동, 담당자와의 의기투합 등 몇 가지 외부 요인에 의해 크게 좌우된다.

그것을 체계적으로, 미래가 보이는 시스템으로 만들려면 영업활동을 위한 설계도를 만들어야 한다. 한번 문을 두드렸으면 고객이 자발적으로 계단을 한 걸음씩 올라 자연스럽게 상품을 구입하게 되는 구조를 만드는 것이다.

“

감정을 주축으로 전략을 세운다

”

이 주차장 관리 시스템을 판매하려면 어떤 구조가 가장 적합할까? 그 구조를 생각하기 위해 다시 한번 상황을 정리해 보자.

이 회사의 문제점은 담당자를 특정 짓기 어렵다는 것과 특정 지은 이후에도 심리적인 부담이 높다는 것이었다. 이런 상황을 다음과 같이 차트로 만들 수 있다. 이 차트를 바탕으로 주차장 관리 시스템이 어디에 적용될지 생각해보자.

이 시스템은 구매자를 특정 짓기 어렵다. 또 특정 지은 뒤에도 심리적인 부담이 높기 때문에 계약을 성사시키기 어렵다. 따라서 왼쪽 아래의 박스에 들어간다.

계단식 영업 설계방법

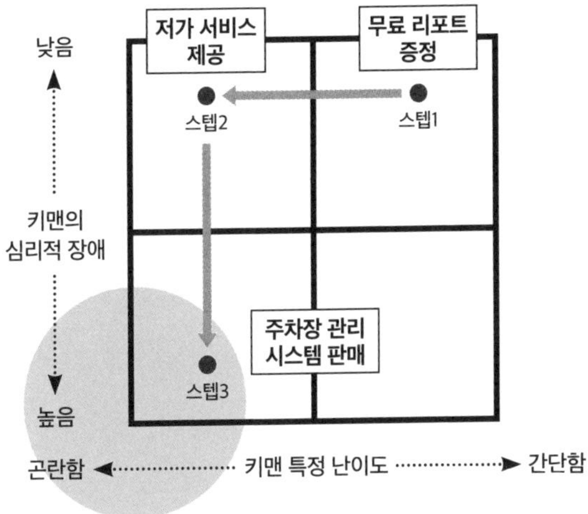

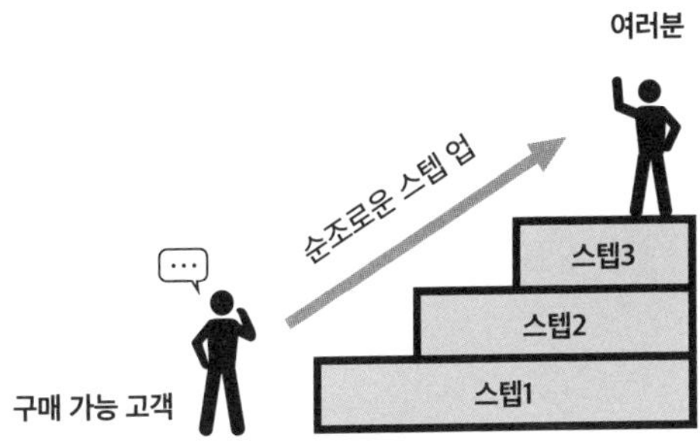

스텝을 한 계단씩 밟으면
일상 업무를 하면서 영업 효율을 높일 수 있다.

한편, 가장 편하게 계약을 성사시키기 쉬운 영역은 오른쪽 위의 박스다. 그래서 오른쪽 위에서 왼쪽 아래의 박스로 가기 위한 코스를 생각해야 한다. 이것이 전략이다.

오른쪽 위 박스에 위치하려면 방법은 간단하다. 정보 수단을 활용하는 것이다. 목적은 미팅 상대를 특정 짓는 것이다. 지금은 대상을 특정 짓기 어렵기 때문에 상대방을 아쉽게 만들어 타깃을 특정 지어야 한다.

정보 수단의 내용은 타깃이 되는 사람이 어떤 고민을 가지고 있는지를 생각해서 결정해야 한다. 이 경우의 타깃은 주차장 때문에 고민을 끌어안고 있는 경영 간부다. 어떻게 하면 이 타깃이 되는 인물을 아쉽게 만들 수 있을까? 방법은 2가지다.

첫 번째는 설문조사를 의뢰하는 방법. 우선, 대상이 되는 회사에 DM을 보낸다. 내용은 다음과 같다.

"주차장이 집객에 미치는 영향에 관한 설문조사를 실시하는데 협력해주시면 감사하겠습니다. 협력해주시는 분께는 답례로 설문조사 결과 리포트를 증정하겠습니다."

또 한 가지 방법은 특별 리포트를 무료로 증정하는 방법이다. 이것도 대상이 되는 회사에 먼저 DM을 보내 흥미가 있으면 리포트를 요청하라고 한다. 리포트의 제목은 예를 들면

'백화점 경영자가 몰랐던 주차장에서의 문제점: 이 5가지 클레임이 고객을 경쟁사로 가게 만든다'로 한다.

나 같으면 가능한 한 편한 길을 선택하겠다. 리포트를 먼저 작성하지 않아도 고객을 아쉽게 만드는 첫 번째 방법부터 실행한다.

구체적으로는 앞의 내용으로 30개 사 정도를 대상으로 설문조사를 실시한다. 그리고 조사 결과를 리포트로 정리한다. 그 후, 설문조사 협력 기업에 리포트를 보냄과 동시에 영업을 시작한다.

다음에 설문조사에 협력해주지 않았던 기업이 자료를 필요로 하도록 만드는 방법을 생각한다. 그래서 이미 작성한 설문조사 집계결과 리포트를 활용한다. 이 리포트에 담당자가 읽을 수밖에 없는 제목을 붙인다.

예를 들면, 앞에서의 '백화점 경영자가 몰랐던 주차장에서의 문제점: 이 5가지 클레임이 고객을 경쟁사로 가게 만든다'라는 제목이다. 그리고 DM을 활용해서 이 리포트에 대한 자료를 요청할 수 있는 기회를 제공한다. 즉, 설문조사를 한다는 한 번의 작업으로 리포트까지 준비할 수 있는 일석이조의 방식이다.

이 정보 집객 수단으로 타깃을 특정 지을 수 있게 되면 이 상품을 판매할 때 곤란했던 문제들이 일부 해소된다.

일상적인 업무를 하면서 영업할 수 있는 구조 만들기

설문조사를 활용한 정보 수단으로 오른쪽 위에 위치할 수 있게 되었다. 이 위치에서 현재 주차장 관리 시스템이 위치하는 왼쪽 아래에 도착해야 한다. 단, 갑자기 왼쪽 아래의 박스로 진행하기는 어려우니까 우선 왼쪽 위의 박스로 진행한다. 어떻게 하면 이 왼쪽 위의 박스로 이동할 수 있을까?

담당자가 심리적 저항 없이 받아들일 수 있는, 낮은 가격의 서비스를 제안하면 된다. 예를 들면, 주차장 관리 대행 서비스, 주차장 관리자의 인재파견, 주차 관리 시스템으로 절감한 비용 일부를 사용료로 지불하는 서비스, 주차장 경영컨설팅 등을 생각할 수 있다.

이런 서비스는 낮은 가격이면서 원가가 거의 들어가지 않기 때문에 매출총이익이 높아진다. 또 인재파견처럼 사람이 관계된 서비스는 지불 조건이 나쁘지 않다. 그럴 경우 서비스를 비즈니스로 실행하면 일당을 벌 수 있다. 즉, 자금 부족 현상이 발생할 가능성이 낮아진다.

그리고 일상 업무를 실시하는 범위에서 인간관계가 깊어져 신뢰가 생기고 거래실적이 쌓인다. 나아가 최종 목적인 주차장 관리 시스템까지 도입할 확률이 높아진다. 즉, 일상적인 업무는 주차장 관련 서비스를 제공한다. 그러나 그와 동시에 단가가 높은 주차장 관리 시스템의 영업활동도 할 수 있다. 그야말로 일석이조의 효과를 발휘할 수 있다.

주차장 관련 서비스만으로 일상의 영업경비를 충당할 수 있다면 주차 유도 시스템 판매에서는 매출총이익이 그대로 남게 된다. 더구나 판매한 뒤에도 그 시스템의 관리까지 맡을 수 있다면 매우 안정적인 수입원을 확보할 수 있다.

“고객을 자동으로 만들어 내는 최고의 영업 시스템”

이상의 설명이 고객을 자동으로 만들어 내는 시스템 설계도의 포인트다. 복습을 하면 포인트는 다음의 3가지다.

① 정보 수단으로 '미래 고객'을 모은다.

② 상대방을 아쉽게 만들어 전문가로 자리매김한다.

③ 계약을 성사시킬 때까지 고객이 스스로 올라올 수 있는 순조로운 계단을 준비한다.

이상이다. 이 포인트를 중심으로 영업프로세스를 설계하면 광고 선전 반응률의 상승이 매출과 연결되는 시스템이 작동하기 시작한다.

일단 이 시스템에 들어간 고객은 자연스럽게 계약이 성사되는 흐름을 탄다. 마치 공장에서 컨베이어 벨트가 움직이면서 제품을 만들어 내듯 미래 고객에서 현재 고객이 만들어지는 것이다.

여러분은 밤늦게까지 움직일 필요가 없다. 물론 이 시스템을 만들기 위해 머리를 짜내야 하지만 그 후에는 이 시스템이 녹이 슬지 않도록 가끔 기름칠만 해주면 된다. 직접적인 영업을 하는 게 아니라 어떻게 하면 고객의 감정을 내 편으로 만들 수 있을까를 생각한다.

인간이면 누구나 가지고 있는 이 감정을 활용하면 영업경비를 최소한으로 줄일 수 있다. 그 결과, 매출이 오르는데도 영업에 필요한 비용은 내려가는 기적이 90일 안에 일어난다.

고객이 자동으로 만들어지는 시스템

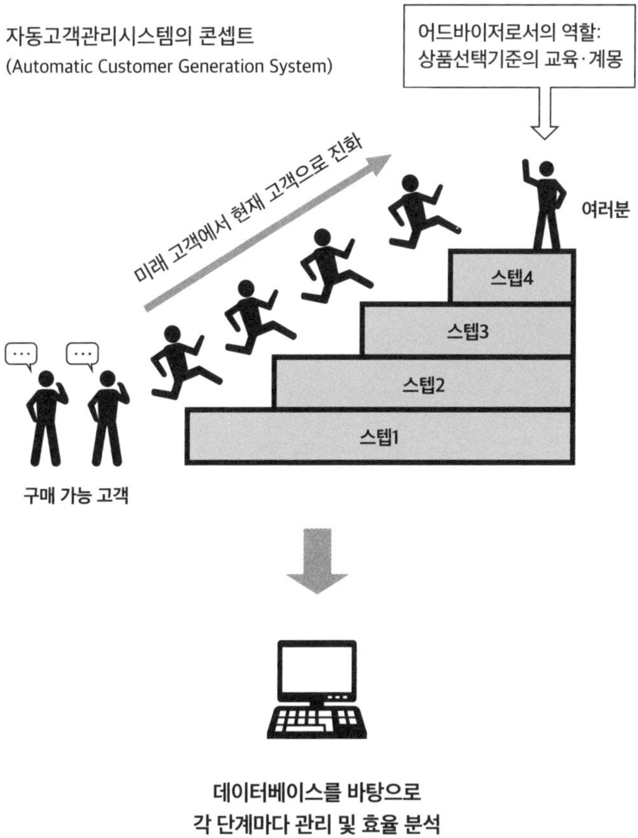

고객을 사로잡는
성공 포인트

- 광고 선전에서는 상품을 파는 것이 아니라 흥미 있는 사람을 모집하는 데에 집중한다.
- 정보 수단으로 '미래 고객'을 모은다.
- 고객이 아쉽게 만들어 자신을 전문가로 자리매김한다.
- 고객이 계약을 할 때까지의 계단을 준비한다.

"회사가 스스로 고객을 모을 수 없다면 말이 안 됩니다.
저는 이 마케팅법을 사용하는 사람 누구라도 결과를 낼 수 있도록
분석 방법이나 툴을 제공합니다.
그 분석법이나 툴이라고 하는 것은 탁상공론이 아닙니다.
먼저 스스로 적용해 보고 정말 이익을 내는 방법만을 소개합니다."

- 간다 마사노리

5장

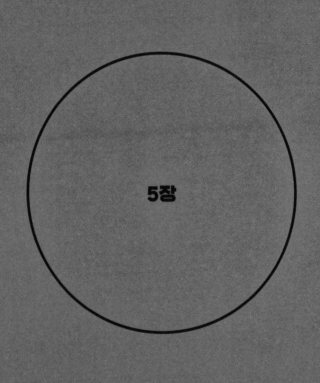

여러분의 회사를
고수익 기업으로 바꾸는
90일

여러분과의 대화: 지금 당장 할 수 있는 것

나: 어떻습니까? 이제 이해가 되십니까?

여러분: 흐음. 표현을 한 마디 바꾸는 것만으로 반응이 그렇게 달라지다니, 솔직히 깜짝 놀랐습니다. 하지만 왜 지금까지 그렇게 단순한 사실을 깨닫지 못했을까요?

나: 그야 지금까지 반응을 측정하지 않았기 때문이지요. 애당초 제안이 없는 광고를 내지 않았습니까? 그래서는 '이 전단은 반응이 좋았다, 이 전단은 반응이 나빴다.'라는 식으로 결국 그 상황에만 국한된 대응이 되어 버리지요. 즉, 측정을 하지 않았기 때문에 노하우가 축적되지 못했던 것입니다.

여러분: 확실히 그렇습니다. 고객으로부터 전화가 걸려 와도 대체 어디에서 우리 회사를 알게 된 것인지 면밀하게 분석하지 않았으니까요.

나: 그렇습니다. 측정이 마케팅의 첫걸음입니다. 측정할 수 없는 상황에서 집객의 효율성을 높이려고 하면 그건 무리입니다.

여러분: 그렇군요. 그래서 측정을 하려면 제안을 하라는 것이군요. 그 정도라면 오늘부터 당장 시도할 수 있을 것 같습니다.

나: 그리고 그렇게 모은 고객을 효율적으로 계약으로 이끌어 가려면 고객의 구매심리에 대응할 수 있는 설계도를 만들어야 합니다. 이 점은 이해하셨지요?

여러분: 개념적으로는 이해했습니다. 즉, 고객이 원하지 않을 때 영업을 하면 오히려 반발을 부르겠지요. 그 시점에서 고객과는 적대관계이니까요. 그걸 원래의 상태로 되돌리려면 엄청난 힘이 들고.

나: 그렇습니다. 그러니까 우선 고객 쪽이 아쉬운 상황을 만들어야 합니다.

여러분: 그러고 보니 감정 마케팅은 크게 나누면 2가지 단계

가 있는 것 같습니다. 하나는 전단이나 광고의 반응을 높여 주는 것. 이건 언어표현을 연구하는 것이니까 비용은 전혀 들어가지 않지요.

나: 그렇습니다. 그게 첫걸음입니다. 일반적으로는 이것만으로도 좋은 결과를 얻을 수 있습니다. 다만, 계약을 좀 더 순조롭게 성사시키는 방법이 있지요.

여러분: 그게 두 번째 단계이지요? 그러니까, 이 단계의 포인트는 고객의 구매심리에 따른 계단식 설계도를 만든다. 그렇게 하면 고객은 자발적으로 계단을 올라온다. 이것도 경비가 들어가지 않나요?

나: 뭐, 영업비용이 전혀 들어가지 않는 것은 아니지요. 어쨌든 고객이 올라오기 쉬운, 다음 계단을 만드는 것이 중요합니다. 대부분의 회사는 이 계단의 높이가 너무 높습니다. 그렇기 때문에 필요 이상으로 힘든 영업을 하지요.

여러분: 그렇다면 계단의 높이를 낮추어야겠군요. 그리고 다음 계단으로 올라올 수 있도록 고객에게 보상을 제시해야 하겠죠? 이 준비를 잘 갖추어야 고객은 한 번 문을 열고 들어서면 이후에는 자발적으로 계단을 올라오게 되는 것이지요?

나: 그렇습니다. 고객에게 보상을 한다는 사고방식은 매우 좋습니다. 그 보상이 제안이 되는 것이지요.

여러분: 무슨 말씀인지 알겠습니다. 확실히 수익은 올라갈 것 같군요. 하지만….

나: 하지만 무슨 문제라도?

여러분: 사례를 들어주시면 제가 뭘 어떻게 해야 좋을지 명확하게 이해할 것 같습니다.

나: 그럴 줄 알았습니다. 대부분의 경우, 다른 회사의 사례를 듣고 싶어 하니까요.

모든 업계에 적용할 수 있는 이유

그렇다면 여러분이 바라는 대로 사례를 연구해보자. 그전에 한마디. 사실 감정 마케팅 자체는 어떤 업계에도 적용된다. 판매자 쪽의 논리가 아니라 구매자의 감정에 초점을 맞추고 있기 때문이다.

판매자에게는 여러 가지 사정이 있다. 상품이 다르다. 매출 총이익이 다르다. 판매 지역도 판매 대상 고객도 다르다. 이처럼 판매자 쪽에서 보면 여러 가지 상황에 대응해야 하기 때문에 다양한 판매방식이 존재한다.

한편 구매자 쪽은 구매를 결정하기까지의 감정 변화가 거의 비슷하다. 우선 상품을 알게 된다. 이후 관심을 가진다. 그리고 욕구가 생겨서 비교 검토한다. 그 결과, 최종적으로 구매를 하는 행동으로 옮겨진다. 이런 소비의 흐름은 바뀌지 않는다.

이처럼 감정 마케팅은 소비자가 구매에 이르는 과정에 착안한 것이기 때문에 모든 업계에 적용할 수 있다. 내가 이렇게 설득해도 아직 "우리 업계에서 정말 활용할 수 있을까?" 하고 생각하는 분들이 있을 수 있다. 내가 받는 질문의 80%가 "우리 업계에도 적용할 수 있을까요?"라는 것이기 때문에 이해한다. 그래서 업계를 다음의 4가지로 분류해서 그 사례를 연구해보자.

Case 1

법인 대상 영업으로 신규 고객을 개척하는 경우

1-1 내구 소비재(대리점 판매)

1-2 서비스업(직접 판매)

Case 2

소비자 대상 영업으로 신규 고객을 개척하는 경우

2-1 주택(고액 상품)

2-2 통신판매(저가 상품)

마케팅 사례 ①

법인 영업으로 신규 판매점을 개척하는 경우

주식회사 쓰노다. 아이치현 나고야시 3개월 동안 신규 판매점 계약 건수는 전년도 대비 8배 이상 증가. 자사영업소 매출이 전년도 대비 8% 향상, 영업경비 17% 절감.

어떻게 하면 발로 뛰는 영업에서 벗어날 수 있을까?

주식회사 쓰노다는 전통 있는 자전거 기업이다. 이 회사의 고민을 한마디로 정리하면 영업사원이 발로 뛰는 영업을 하고 있다는 것이었다. 즉, 기존 점포에 대해서는 정성을 다해 지원할 수 있지만 신규 판매점을 개척하기가 쉽지 않았다.

내가 전에 근무하고 있던 컨설팅 회사의 경우, 이런 상담을 받으면 우선 시장과 경쟁 회사를 분석했다. 예를 들면, 상품 포지셔닝, 경쟁 회사와의 상품 비교, 판매점의 매출 비교, 각 점포의 영업사원 현황, 영업사원의 소매점에 대한 서비스 내용 등을 분석한다.

이렇게 분석한 내용을 바탕으로 영업 전략을 구축한다. 그리고 그 전략을 실행하기 위해 판매점에 대한 제안서를 만든다. 그리고 롤플레잉(Role-playing)을 이용한 영업 연수를 실시한다.

하지만 요즘에는 "굳이 컨설턴트의 지적을 받지 않아도 우리 회사의 문제점은 잘 알고 있다. 우리가 알고 싶은 것은 그것을 어떻게 해결하는가 하는 것이다."라는 회사가 많다. 쓰노다의 경우에도 "전략은 알고 있는데 그것을 효율적으로 어떻게 진행해야 좋을지 모르겠다."라는 것이 고민이었다. 즉, 전략을 실행하는 영업사원들이 어떻게 해야 실적을 올릴 수 있는지 그 방법을 알고 싶었던 것이다. 어떻게 해야 영업사원들이 발로 뛰는 영업에서 벗어날 수 있을까?

"영업 기술을 늘리기 위해 제안이나 계약 성사 방법을 배우면 된다."

"영업사원이 의욕을 낼 수 있도록 지원한다."

물론, 이런 식으로 영업사원을 단련시키는 방법도 있다. 그러나 현실적으로 이런 방식을 통해 사람을 바꾸는 건 정말 어려운 일이다. 나는 내 아이들도 변화시키지 못한다. 영업 감각이 없는 사람을 단련시켜 영업을 잘하게 만든다는 것은 닭을 트레이닝시켜 하늘 높이 날 수 있도록 변화시키는 것과 같다. 기본적으로 매우 힘든 일이며 엄청난 시간이 소비된다. 즉시 결과를 내야 하는 현대 사회에는 적용하기 어렵다. 그렇다면 생각을 180도 바꾸어보자.

맥도널드 방식으로 하는 것이다. 맥도널드에서 감자튀김을 만드는 사람은 시급 800엔을 받는 아르바이트생이다. 그러나 전 세계 어디를 가도 맛은 비슷하다. 이게 가능한 이유는 만드는 방법이 누구나 할 수 있을 정도로 간단하기 때문이다. 영업도 마찬가지다.

영업실적을 올리려면 2가지 방법이 있다. 하나는 영업사원을 철저하게 교육해 영업의 프로로 만드는 것. 두 번째는 신규 영업사원이라도 실적을 올릴 수 있는 간단한 영업프로세스를 만드는 것이다.

전자는 기술자를 육성하는 접근방식이며 후자는 아르바이

트생이라도 맛있는 감자튀김을 만들 수 있게 하는 접근방식이다. 즉, 누구나 다룰 수 있는 영업 시스템을 만든다는 뜻이다. 당연히 누구나 가능한 시스템을 만드는 쪽이 효율성이 올라간다. 영업사원도 닥치는 대로 발로 뛰는 영업보다 심리적 부담이 상당히 줄어든다.

신규 개척의 돌파구가 된 DM

그렇다면 정말로 맥도널드 같은 구조를 만들 수 있을까. 그 구조의 중심에 존재하는 것이 222쪽의 DM이다. 이 DM을 100통 보내면 10건의 자료 요청이 들어온다. 그리고 영업사원이 방문하면 7건의 판매점 계약이 성사된다.

그렇다면 DM을 보내는 양을 기준으로 그 달에 개척할 수 있는 신규 점포 수를 대강 예측할 수 있다는 뜻이다. 잔업도 없고 이리저리 뛰어다니느라 땀을 흘릴 필요도 없다. 힘든 작업은 이 DM이 대신해주니까.

마법이 일어나는 3가지 포인트

이 DM은 왜 통상적으로는 생각하기 어려운 반응률 향상을 보여주는 것일까? 그리고 어떻게 계약 성사까지 순조롭게 이끌어주는 것일까? 포인트는 3가지다.

첫 번째는 정열이다. 이 DM은 결국 "판매점 자료가 있으니까 흥미 있는 분은 요청해 주십시오."라는 내용인데, 보통의 DM으로 설명하면 다음과 같다.

"주식회사 쓰노다에서는 이번에 어린이용 자전거 파이어쇼트를 신규 발매하게 되었습니다. 카탈로그를 동봉하오니 부디 검토해보시기 바랍니다."

하지만 이 정도로는 소매점 쪽에서 답장이 오기는 어렵다. 그런데 여기에서 소개한 '쓰노다 3대째의 부탁'이라는 DM을 보냈는데 상대방으로부터 답장이 온 이유는 무엇일까? 간단히 말하면 쓰노다의 사장이 그 생각을 직접 전달하여 판매점과의 사이에 공감대가 형성되었기 때문이다.

이 DM을 읽은 판매점의 전형적인 반응은 "사장이 정말로 직접 가게 앞에 서서 경쟁 회사의 자전거까지 판매하고 있다고?"라는 놀라움이었다. 그것이 거짓말이 아니라는 사실은 성

(주)쓰노다의 정열적인 DM

1999 年 4 月吉日

○○サイクル
社長○○様

売れている大型専門店が、同業者には教えたくない！目立たず売れている自転車があります。

なぜ今まで知られていなかったのか？　ツノダの３代目がお答えします。

大型専門店で接客する３代目

大型専門店でたくさん売れている自転車。
安いから売れているのではありません。単価が高く、粗利もとれます。
「そんな自転車、あるわけないよ。」
そう思われるのも無理はありません。
そこで○○様、この話が本当かそれとも社長である私の戯れ言なのか、是非この手紙を読んでご判断いただけませんでしょうか？

実はこの自転車は簡単なセールストークで売れるのです。そのセールストークをご紹介すると次の通りです。

⇒「どのＣＴＢよりもフレームが太いんです。大人用高級マウンテンバイクと同じ形ですからとても丈夫です。」（近くにトレックなどのＹ型フレームＭＴＢを展示してあると説明しやすいです）

⇒「どのＣＴＢよりもサドルの位置が低いので、２２インチにしか乗れないお子さんもこれなら２４インチに乗れるかもしれません。その分普通は２年ぐらいすると小さくなってしまうのですが、これなら３年は十分乗れますよ。」（これでほとんどの親は大きくうなずきます）

⇒（ダウンチューブを指しながら）「どのＣＴＢよりもここが低くなっていますので、前乗りができるんです。いざというときすごく安全ですよ。」

- 1 -

⇒（カタログを見せながら）「どのＣＴＢよりも色がたくさんあるんです。女の子向けの色だってありますよ。」（ＣＴＢを２ページにわたって載せてあるのはここだけです）

⇒（アルミのハンドルバーを指しながら）「どのＣＴＢよりもいい部品を使っているんですよ。」

⇒（よく似たフレームデザインのＣＴＢとの差を聞かれたときには）「どのＣＴＢよりも万全のアフターサービス体制です。ＣＴＢのデザイン面についてはいつもここがリードしています。」

このセールストークは、営業マンが机の上で考えたものではありません。実際に売れている大型専門店さんに私が応援販売に出向き、接客トップの店員さんに仕込まれたのです。

この６フレーズを言っていただければ、お客様の３人に１人はお買いあげになります。その結果他社のＣＴＢに比べ平均１，０００円～１，５００円の粗利が多くとれます。お陰様で、大型専門店様ではＣＴＢの５台に１台はツノダ製品となっています。

「本当にそんなに売れているのなら、どうして今まで営業に来なかったんだ？」

そうです、○○様にお叱りを受けても仕方ありません。
「ツノダ？　あそこってとうに自転車やめたんじゃないの？」というように最近ではお取引のない販売店様にはすっかり忘れられているのが現状なのです。

私は、ツノダの存在意義を現場で考え直すべきだと思いました。そこで私自身が仙台に駐在し、大型専門店で修行することにしました。３～４月の繁忙期日曜祭日は全て「応援販売」を行いました。朝９時からよる１０時半までびっちり接客販売を行いましたが、最初は「役立たず、帰れ」と言われたこともありました。

それでも私は社長のプライドを捨ててがんばりました。歯を食いしばって売りました。誠意を持って接客し、どのメーカーの自転車も大切に販売しました。そうしている内に心を開いてくれる店長さんたちが出てきました。他のメーカーの現地社員さんたちとも仲良くなりました。

そしてツノダは売れている自転車でさえ、ほとんどの販売店様に知られていない事実に私は愕然としました。大型専門店の店長さんから「モノはいいんだから、お客さんが納得する売り方をしろ！」と叱られました。そして教えられたのが先ほどのセールストークなのです。

そこで単刀直入にご提案いたします。

このＣＴＢをはじめとするツノダの自転車を貴店でお取り扱いになりませんか？

- 2 -

貴店でツノダの自転車をお取り扱いになるメリットのほんの一部を挙げると次の通りです。
●こなれた値段のすきま商品を品揃えすることができる。
●商品単価をアップすることができる。
●粗利をアップすることができる。
●スーパー・ホームセンターと差別化することができる。
●大型専門店の売り方を応用することができる。（秘密は教えられません）等々

ツノダはスーパー・ホームセンターとは一切ご商売をさせていただいておりません。ご存じの通り「自転車」は同じ工場でつくられたものでも最後の整備・調整で大きく品質が違ってしまう特殊な工業製品です。ツノダは、それができるお店としかお取引できません。

量を追求する流通に入ることにより値崩れを起こし、その結果、販売店様もツノダも適正な利益を取れない商売をすることは、ツノダの進む道ではありません。

> 地域密着型の中堅販売店様を顧客として絞り込み、共に成長する。
> それができないような大きな組織には敢えてしない。
> それが一点の曇りもない、ツノダの流通戦略です。

私は、この流通戦略を確固たるものとしていくために、現在共に成長していける戦略パートナーを○○地区で求めています。長期的な、信頼ある関係を築いていきたいと切望しております。

もちろん商売ですから、お互いにメリットがなければ信頼関係は築けません。そこでさらに詳しい市場分析レポート、ツノダの製品資料をご用意いたしました。この販売店様資料一式を至急、お送りさせていただきたいと思います。資料は既に○○様のお名前でお送りする準備は整っておりますが、なにぶん機微な部分もございますので、ご請求はお取引にご関心ある場合のみお願いいたします。

なお夏のボーナス商戦までには、確かな実績を共に出していきたいと存じますので、資料は５月１７日（月）までにご請求願いませんでしょうか。何とぞよろしくご検討をお願い申し上げます。

株式会社ツノダ
代表取締役社長　角田重夫

- 3 -

追伸：１日で１７０台近く販売する大型専門店のディスプレイ写真を添付いたしました。ご参照ください。

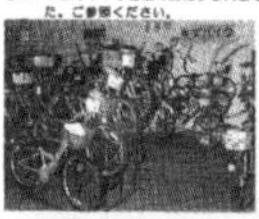

４つの棚が全て「ファイヤーショット」です

幼児車コーナーも「ファイヤーショット」

決して安売りはしておられません。

最近ツノダではディスプレイ用だけでなく実際に女子高生に販売できる超ミニ自転車「リトルヴィーズ」を開発いたしました。お陰様で３ヶ月間に 1000 台以上のご注文をいただき予想以上のヒットとなりました。テレビ・ラジオ・新聞などで取り上げられたこの自転車は品薄状態にありますが、今回お取引が成立した場合、お礼としまして１台無料で貴店店頭にサンプル展示させていただきます。

- 4 -

판매자의 열정을 전달함으로써 구매자도 열정적으로 반응한다.

실하면서 정열이 가득 담긴 사장의 글을 통해 읽어낼 수 있다. 이 공감, 그리고 심리적 연결이 형성되기 때문에 DM에 대한 반응이 높아진다.

두 번째 포인트는 어떻게 계약까지 순조롭게 진행시킬 수 있는가 하는 것이다. 그들은 "전략 파트너를 한정적으로 모집합니다."라는 글을 실었다. 즉, DM 안에 계약 성사(closing)까지 가자는 뜻을 은근히 내포하고 있다. 고압적인 자세로 "조롱은 받고 싶지 않으니까 삼가주십시오."라는 내용까지 집어넣었다.

여기까지 살펴본 뒤에 자료를 요청하는 판매점은 상당히 긍정적으로 거래를 검토하고 있는 곳이라고 볼 수 있다. 실제로 자료를 요청했던 판매점에 영업사원이 방문을 하자 별문제 없이 첫 번째 방문에 계약이 성사되었다.

세 번째 포인트는 소개하는 자전거를 명백하게 경쟁 우위에 있는 제품으로 압축했다는 것이다. 파이어 샷이라는 상품은 어린이용 산악자전거로 가격 및 상품의 사양이 매우 우수하다. 즉, 상품의 구색을 갖춘다면 판매하기 쉬운 기종이다.

쓰노다의 제안에 구체적이지 않은 상품이 들어있었다면 어떻게 되었을까? 예를 들어, "쓰노다는 이런 멋진 자전거를 가지고 있습니다. 부디 검토해 주십시오."라는 내용이었다면 "흐음, 한번 검토해보지."라는 식으로 표면적인 예의만 차리고 관심을 보이지 않았을 것이다.

그러나 이번 쓰노다의 제안은 매우 구체적이었다. 경쟁 우위를 가진 기종으로 상품 소개를 압축했고, 또 그 상품을 판매하기 위한 영업용 화술까지 소개했다. 이렇게 되면 도입을 하는 데에 리스크가 매우 낮아진다. 더구나 "거래를 해 달라."고 부탁을 하는 것이 아니다. "판매점 자료 전체를 준비해 놓았으니까 보낼 수 있도록 허락을 해 달라."는 것이다. 즉, 다음의 행동으로 순조롭게 이어질 수 있도록 계단을 설계해놓은 것이다.

영업 시스템을 개선하면 영업사원이 활성화된다

이 DM을 발송하기 시작한 이후 3개월 만에 약 100건의 신규 판매점을 개척할 수 있었다. 작년의 신규 계약은 연간 15건이었다. 더구나 작년에는 거래를 터도 좀처럼 주문이 들어오지 않았지만 올해의 100건은 거래가 체결되자 즉시 주문이 들어왔다는 점이 다르다.

이 시스템을 쓴 결과, 작년과는 비교도 할 수 없을 정도로 영업이 효율화되었다. 이 영업의 효율화는 판매점에도 이익을 안겨주었다. 구체적으로는 판매점의 매출총이익이 다른 자전거 회사와 비교할 때 3~5 퍼센트포인트 정도 높아졌다. 그리고 영업 자체의 과정이 간단해져 판매점도 마음에 들어 했기 때문에 영업사원이 활성화되었다.

감정 마케팅은 영업의 효율을 숫자로 관리하는 수법이기 때문에 영업사원을 활성화할 수는 없다고 생각하기 쉽다. 그래서 세미나에서 이런 질문을 자주 받는다.

"실적을 올리려면 영업사원의 의욕을 어떻게 이끌어 내는가 하는 것이 중요하지 않습니까?"

이런 발언을 하는 사람은 대부분 해고를 두려워하는 영업부장이다. 수단과 목적을 혼동하고 있기 때문에 이런 생각을 하는 것이다. 영업사원의 의욕을 이끌어 내는 일은 영업부장이 할 일이 아니다. 그가 해야 할 일은 수치를 높이는 것이다.

영업사원의 의욕을 이끌어 내는 것은 간단하다. 영업사원에게 계약을 성사시키기 쉬운 고객을 넘겨주면 된다. 그리고 방문을 하면 고객으로부터 "이렇게 찾아와주셔서 감사합니다."라고 환영을 받는 환경을 만들어주는 것이다. 이것이 영업부장의 역할이고 영업사원을 활성화하는 지름길이다.

마케팅 사례 ②

고액 상품 판매로 신규 고객을 개척하는 경우

닛쇼건설 주식회사. 사이타마현 가와고에시
가슴 설레는 전단과 '토지·정보 배송서비스'로 3개월 만에 월평균 2동에서 월평균 7동으로 수주 증가.
더구나 영업사원은 6명뿐.

영업사원과의 거리를 단번에 줄여주는 전단

일본 전역에서 최고로 가슴 설레는 전단을 만들고 있는 주택 회사가 있다. 우선 228쪽의 전단을 살펴보자. 인물 사진들이 실려 있다. 이 전단지를 배포하면 재미있는 일이 발생한다.

전단지를 손에 들고 본사를 방문하는 사람들이 증가하는데 고객과 사원 사이에 이런 대화가 오간다.

"어떻습니까? 전단에 실린 사진보다 실물이 더 낫지 않습니까?"

"아, 전단에 실린 이분이군요!"

이렇게 해서 단번에 고객과의 거리가 줄어든다. 왜 이렇게 친근감을 가지게 될까?

그것은 고객과의 첫 접점, 즉 전단을 통해서 상품을 팔려고 하지 않기 때문이다. 닛쇼건설이 팔려고 하는 것은 고객과의 평생에 걸친 관계다. 닛쇼건설이 처음부터 이런 가슴 설레는 전단지를 배포한 것은 아니다. 처음에는 상품가격과 사양을 설명하는 일반적인 전단지를 배포했다.

여러분을 위해 숫자를 몰래 공개하면 일반적인 전단지는 10만 장을 배포하면 12명이 본사를 방문한다. 거기에 비해 가슴 설레는 전단지는 15,000장을 배포하면 7명이 방문을 한다. 즉, 3배 이상으로 집객률이 향상된다. 더구나 컬러 인쇄를 하지 않아도 비슷한 정도의 집객률을 얻을 수 있기 때문에 경비는 약 절반으로 줄어든다.

고객을 가슴 설레게 만드는 전단

판매자의 얼굴이 보이는 전단지가 고객과의 거리를 좁힌다.

상품 전략의 중요성

이처럼 집객의 효율성은 엄청나게 향상되었다. 그러나 주택은 집객효율성이 높아졌다고 해서 그것이 매출로 직결될 정도로 만만치는 않다. 주택은 평생에 한 번 구매할까 말까 할 정도의 상품이어서 고객이 세밀한 부분까지 점검하기 때문이다. 고객은 상품의 사양에 대한 점검, 가격, 회사의 안전도, 영업사원의 성실성 등등 모든 면을 확인하고 종합적으로 판단한다. 즉, 회사의 체제가 탄탄하게 확립되어 있지 않으면 전단으로 고객을 모으는 것은 물론이고 매출 역시 올리기 어렵다.

특히 브랜드가 없는 지역 주택 건설회사인 경우, 상품의 품질이 뛰어나지 않으면 대기업과의 경쟁에서 이기기는 힘들다. 그래서 상품 전략이 중요하다. 닛쇼건설은 평당 단가가 높은 고급주택을 전문적으로 시공하고 있었다. 그러나 몇 년 전부터 주택 수요가 떨어짐과 동시에 대기업 주택 건설회사가 가격을 떨어뜨리기 시작했다. 그 결과, 지금까지의 가격으로는 주택을 팔 수 없게 되면서 수주가 급속도로 떨어졌다.

그래서 경쟁력이 있는 신상품 개발을 서둘렀다. 비용을 절감할 수 있는 저가 주택의 노하우를 철저하게 연구했다. 하지만 자사가 자신 있는 고급주택의 에센스는 어떻게든 살려야 한다고 집착했다. 즉, 고품질을 유지하면서 어떻게 하면 낮은 가격의 주택을 공급하는 회사로 자리매김할 수 있는지를 생각했다.

현실적으로는 고품질을 유지하면서 가격을 억제하면 이익이 발생할 리 없다. 그러나 그것을 가능하게 하는 한 가지 요인이 앞에서 설명한 전단의 높은 집객률이다. 대기업의 광고나 판촉에 들어가는 경비는 견본주택의 비용까지 생각할 경우, 매출의 10%를 넘는다고 한다. 즉, 2천만 엔짜리 집을 건축하면 2백만 엔은 카탈로그나 견본주택을 위해 고객이 지불하는 것이 된다.

거기에 비해 닛쇼건설의 경우에는 매출의 3% 정도로 광고와 판촉비용을 억제할 수 있었다. 이 억제된 광고비가 남는 만큼 상품의 사양을 높일 수 있었다.

타사가 손대지 못하는 고객과의 계약을 성사시키는 구조

그리고 이 회사에는 경쟁 회사가 손을 댈 수 없는 시스템이 있다. '토지정보 배송서비스'라는 이름의 서비스다. 이 서비스가 왜 계약성사율을 높이고 영업을 효율화시킬까.

감정 마케팅을 기본으로 주택을 구입할 구매 가능성이 있는 고객을 분석하면 다음 페이지와 같은 차트를 만들어 낼 수 있다.

지금까지 대기업 주택 건설회사가 대상으로 삼았던 고객은 다음 페이지의 오른쪽 위의 박스에 속하는 고객이다. 즉, '지금 당장 건축하고 싶다.'라는 욕구가 강하고 '토지를 소유하고 있기' 때문에 실현 가능성이 매우 높은 고객만을 상대로 삼았다.

그러나 몇 년 전부터 수요가 떨어지면서 이런 우량고객만을 상대해서는 먹고살 수 없게 되었다. 그래서 오른쪽 아래의 박스로 진출하기 시작했다. 즉, '미래에 짓고 싶다.'라는 욕구가 있으면서 '토지를 소유하고 있는' 고객을 대상으로 방문영업을 시작한 것이다.

닛쇼건설로서는 영업사원의 수가 대기업과는 비교할 수 없을 정도로 적기 때문에 정면승부를 하기는 어려웠다. 그래서 경쟁 회사에는 없는 왼쪽 위의 박스, 즉 '실현성이 적은(토지를 소유하고 있지 않은)' 데도 불구하고 '욕구는 높은' 고객을 타깃으로 삼는다는 전략을 세웠다.

실현 가능성이 적은 고객을 실현시킨다. 즉, 토지 물색에서

고객을 진화시키는 서비스 전략

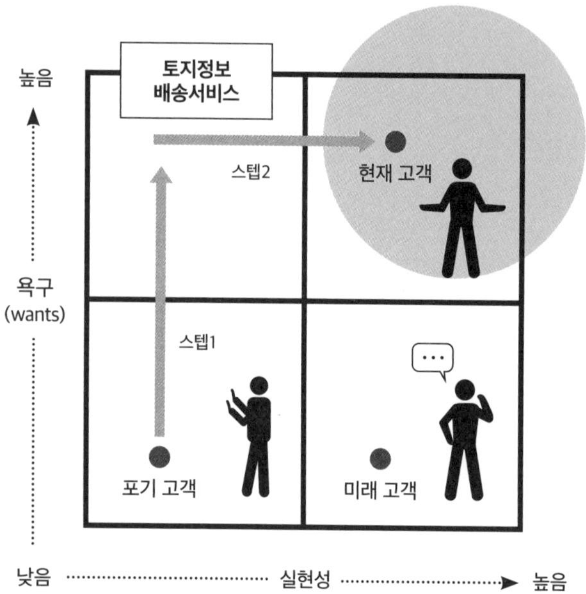

경쟁이 적은 '포기 고객'을 토지정보 배송서비스를 통하여
'현재 고객'으로 육성한다.

부터 주택을 건축하기까지 고객의 '자기 집 만들기를 종합적으로 지원해주는 구조'를 만든 것이다. 이 전략을 바탕으로 고객을 모으기 위해 234쪽과 같은 전단을 배포했다.

이 전단은 특별히 서비스 자체를 팔려는 것이 아니다. 이 서비스를 이용하면 "실현 가능성이 없었던 내 집을 소유할 수 있다."라는 실현 가능성을 파는 것이다. 실현 가능성을 높이면 이 고객은 오른쪽 위의 박스, 즉 매우 우량한 고객이 속하는 박스로 이동하게 되기 때문이다.

실현 가능성을 높이기 위해 담당자인 우치우미 부장은 이 전단지에 개인적인 체험을 실었다. 그 자신이 "힘들게 고생해서 토지가 없는 상황에서 토지를 발견, 만족스럽게 내 집을 지을 수 있었습니다."라는 이야기를 전한 것이다. 이 체험담이 고객에게 진심으로 다가갔을 때 고객은 실현 가능성이 높다고 인식하게 된다.

그렇다면 이 전단의 반응률은 어땠을까? 극비사항이기 때문에 공개할 수는 없지만 깜짝 놀랄 정도의 수준이었다고만 말해둔다.

여기에서 중요한 것은 아무리 좋은 전략이라고 해도 그것을 실행하는 수단이 확실하지 않으면 기능을 다할 수 없다는

부동산 서비스를 파는 것이 아니라 실현 가능성을 파는 전단

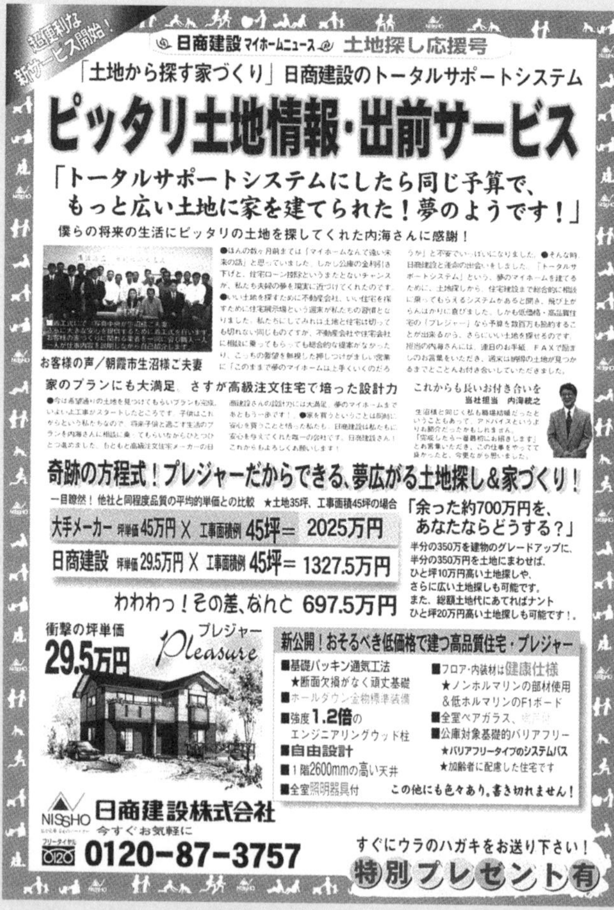

것이다. 반대로 아무리 수단이 좋다고 해도 전략이 확실하지 않으면 역시 기능을 다하지 못한다. 고가 상품인 주택을 판매할 때에는 이 두 바퀴의 균형을 잘 잡아야 한다.

닛쇼건설은 스스로 노력한 결과, 전략과 수단이라는 두 바퀴의 균형을 잡을 수 있었고 두 바퀴는 순조롭게 돌아가기 시작했다. 그 결과, 단기간에 수주가 3배 가까이 향상되었다. 더구나 구매 가능성이 있는 고객의 수를 바탕으로 몇 개월 후에 계약할 가능성이 있는 고객의 수도 대략 파악할 수 있는, 구조로 돌아가기 시작했다.

마케팅 사례 ③

저가 상품 판매로 신규 고객을 개척하는 경우

유한회사 가네요 판매. 가고시마현 가고시마시
된장·간장 제조판매
3개월 만에 계약성사율이 10배로 향상.

통신판매가 불가능하다고 여겨지는 상품으로 통신판매를 한다

퇴근하고 집으로 돌아가려 했을 때 낮은 기계음이 울려 퍼지며 팩스가 들어왔다. 가네요 판매의 요코야마 상무에게서 온 팩스였다.

(이전 생략)

지난날 ○○신문의 ○○○○의 중간 경과를 알려드리기 위해 FAX를 넣습니다.

지난 2월에 실행한 결과

118건의 자료 청구…4건의 상품 구입(2회째 5백 엔 할인으로 14명 획득)

이번 4월의 중간 경과

98건의 자료 청구…20건의 상품 구입

놀랐습니다!

일단 23일을 마감일로 정하고 있기 때문에 아직 최종 결과는 확인할 수 없습니다만 너무 기뻐서 FAX를 송신합니다.(혹시 선생님께 실례가 되는 건 아닌지 모르겠습니다.)

개별 미팅에서 지시한 점

1. 고객이 구매하기 쉽도록 장벽을 낮춘다.
   그렇게 하기 위해 상품을 많이 만들어 한 상품당 양을 줄인다.
2. 상품의 특성이 아니라 통신판매를 통한 구매의 편리성을 호소한다.

이번에는 청구 건수는 적었으나 목적은 오로지 상품을 구매할 사람을 최대한 늘리는 것이기 때문에 목표한 만큼의 결과는 나왔다고 생각합니다.

(이하 생략)

영업방식에 약간의 변화를 주는 것만으로 몇 배나 되는 고객이 구매를 한다. "이건 성공할 거야."라는 실감을 한다. 팔리는 구조가 보이기 시작하면 그런 느낌이 든다.

가네요 판매는 우수한 품질의 된장과 간장을 제조, 판매하고 있다. 고객으로부터 높은 평가를 받고 있으며 한 번 맛을 본 사람들이 주변에 소개하는 경우가 많다. 그러나 가네요 판매의 고민은 소개 이외에 신규 고객을 확장하기 어렵다는 것이었다. 그 이유 중의 하나는 가고시마의 간장은 맛이 다르다는 점이다. 보통의 간장과 비교하면 달다. 확실히, 가고시마의 간장에 관하여 전혀 지식이 없는 상태에서 먹으면 그 독특한 맛 때문에 깜짝 놀란다.

이 맛의 차이 때문에 신규 고객을 늘리기 어렵다. 그러나 소개에만 의존하고 있으면 발전은 없다. 그래서 '이 맛이 전국에 통용되는 맛이라는 사실을 알게 해 통신판매를 할 수는 없을까?' 하는 것이 요코야마 상무의 고민이었다.

된장과 간장을 통신판매하려면 많은 난관이 있다. 우선 된장과 간장은 습관성이 강하다. 그 때문에 브랜드를 바꾸는 게 쉽지 않다. 지금 사용하고 있는 간장이 떨어지면 다시 똑같은 간장을 구매한다. 또, 된장과 간장은 단가가 낮다. 한 번의 구매가 수천 엔에 지나지 않는다. 영업총이익이 적기 때문에 광고 비용을 투자하기 어렵다. 즉, 광고 비용을 거의 들이지 않고 이 통신판매사업을 성립시켜야 한다.

이처럼 된장과 간장의 통신판매는 매우 어렵다. 사실 통신판매 회사 사장으로부터도 "다른 상품을 찾아보는 게 나을 것 같습니다."라는 조언을 들었다. 그러나 요코야마 상무는 본가가 된장과 간장을 만들고 있었기 때문에 포기할 수 없었다. 그래서 "할 수 있는 만큼 최선을 다해보자."라며 시험 판매를 시작했다.

샘플 요청은 많지만 팔리지 않는 데에서 오는 좌절감

광고 비용을 최대한 지출하지 않는다는 것이 원칙이었다. 그래서 가능하면 가격이 낮은 광고를 냈다. 처음의 광고는 다음과 같이 작은 것이었다. 들어간 비용은 6만 엔이었다.

> 남부 지방의 간장! 무료 샘플 증정!
> 남부 지방 가고시마의 독특한 기후와 풍토 아래에서 된장과 간장을 100년 동안 꾸준히 제조하고 있습니다.

이번에 무료 샘플을 100세트 한정으로 준비.
원하시는 분들은 지금 당장 24시간 음성안내 ARS로!
☎03-OOOO-OOOO 가네요 판매

이 광고를 통해 94건의 샘플 요청이 들어왔다. 기대 이상이었다. 첫 번째 관문은 돌파한 것이다. 다음 문제는 이 중에서 몇 명이 상품을 구매해 줄 것인가 하는 것이다.

일반적으로 실패를 가장 많이 하는 단계인데 비용이 들어가기 때문이다. 화려한 카탈로그를 제작하고 좋은 이미지를 풍기기 위해 봉투를 인쇄한다. 그 인쇄비용과 제작비용이 비싸다. 한 부당 단가를 낮추려면 수천 부, 수만 부를 인쇄해야 한다.

그러나 상품을 설명하는 방식을 약간 바꾸는 것만으로 매출은 크게 달라진다. 그렇기 때문에 팔릴 수 있는 방법을 발견하기 전에 감각적으로 카탈로그를 제작하는 것은 위험한 도박이다. 그래서 이 단계에서도 최대한 돈을 들이지 않는 방법을 연구했다. 생각을 전하면 틀림없이 공감하는 사람이 나타난다. 그렇게 믿고 거의 문장만으로 이루어진 DM을 만들었다. 그것이 241쪽의 DM이다.

이 DM은 복사기를 돌리면 얼마든지 인쇄를 할 수 있다. 비용은 수천 엔이면 충분하다. 즉시 샘플 청구서에 이 편지를 넣어 보냈다. 이것으로 몇 건의 주문을 받을 수 있을까? 2주일이 지났을 때, 100명이나 샘플을 요청했는데 4명밖에 구매하지 않았다. 충격이었다.

"역시 맛이 달아서 다른 지역에서는 받아들이기 어려운 것일까?"

그러나 요코야마 상무는 도저히 포기할 수 없었다. 그래서 왜 팔리지 않는지 생각해보았다.

실패한 DM. 4명밖에 구매해 주지 않았다. 허허허…

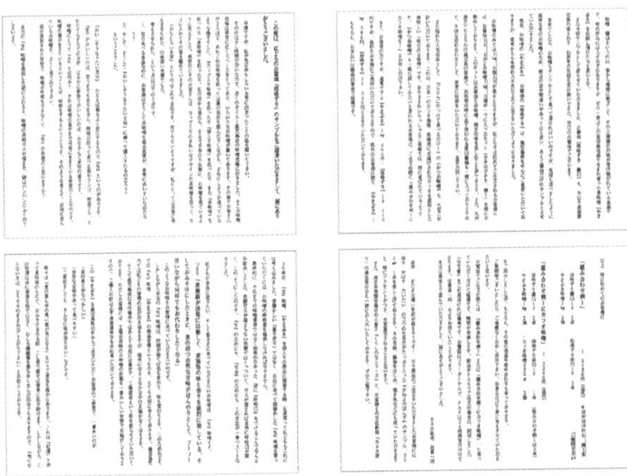

상품을 판매할 수 있는 길을 발견하는 수단, 니즈(Needs)와 원츠(Wants) 분석법

96명은 왜 이 된장과 간장을 구매하지 않은 것일까? 그것을 분석하려면 고객의 니즈와 원츠를 구분해서 생각해야 할 필요가 있다. 이것을 나는 '니즈·원츠 분석법'이라고 부른다.

이야기가 옆길로 새는데, 중요한 점이기 때문에 알려주겠다. 흔히 "이 상품은 니즈가 있으니까 성공할 거야."라고 말한다. 그러나 니즈가 있다는 이유를 바탕으로 상품을 판매하면 실패한다. 니즈는 필요성이다. 유감스럽지만 인간은 필요성만으로는 상품을 구매하지 않는다. 원츠, 즉 욕구가 없으면 구매라는 행동으로 이어지지 않는다. 그 니즈와 원츠를 차트로 만들면 판매방식이 보인다.

치과의사와 롤렉스를 예로 이 차트를 사용하는 방법을 설명해보자. 치과 고객은 치과의사에게 정기검진을 받아야 한다는 필요성(니즈)은 있다. 그러나 정기검진을 받고 싶다는 욕구(원츠)는 없다. 즉, 다음 차트에서 왼쪽 위의 박스에 위치한다.

행동을 일으키는 박스는 니즈와 원츠가 모두 높은 장소다. 즉, 오른쪽 위의 박스다. 그렇기 때문에 치과의사가 고객을 늘

팔리는 판매방식을 어떻게 찾아야 할까?
(니즈·원츠 분석법)

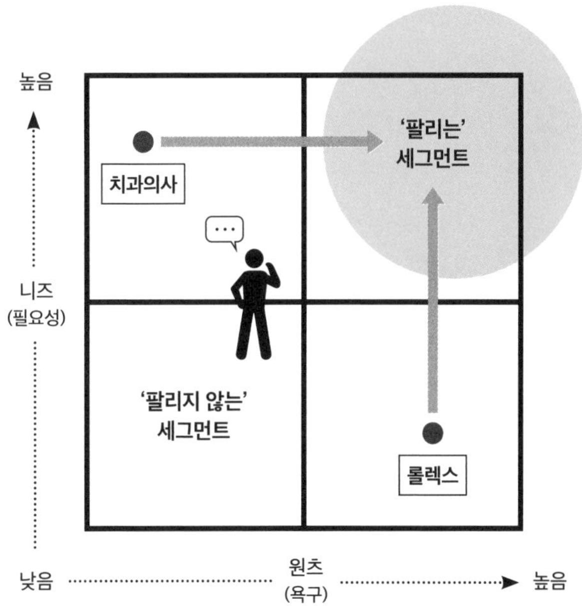

고객의 필요성과 욕구의 위치 관계를 비교해
보다 판매하기 쉬운 방식을 명확히 찾자.

리려면 왼쪽 위에서 오른쪽 위의 박스로 이동하는 전략을 생각해야 한다.

어떻게 해야 그렇게 이동할 수 있을까? 이가 아프기 전에 치과의사에게 가보고 싶다는 욕구를 높여주어야 한다.

한 가지 방법으로서 '정기적으로 치과에 오면 이를 하얗게 유지할 수 있다, 깨끗하게 유지할 수 있다.'라는 판매방식을 선택하는 것, 즉 이를 깨끗하게 유지하고 싶다는 욕구를 활용하는 것이다.

또 한 가지 방법은 지금은 통증이 없지만 통증이 있을 가능성이 있다는 사실을 명확하게 전하는 것. 이 2가지 측면을 강조하는 방식으로 오른쪽 위의 박스로 이동하기 시작한다.

치과의사의 예와는 반대로 욕구는 있는데 필요성은 없는 상품이 있다. 예를 들면, 롤렉스 시계다. 롤렉스 시계에 대한 욕구는 있다. 하지만 필요성은 없다. 그렇기 때문에 구매하기가 쉽지 않다. 즉, 이 상품은 오른쪽 아래의 박스에 위치한다.

이 상품을 팔리게 하려면 어떻게 해야 할까? 오른쪽 아래에서 오른쪽 위의 박스로 이동시키는 전략을 짜야 한다. 그렇게 하려면 필요성을 강조하는 판매방식을 생각하면 된다. 예를 들면, '롤렉스 시계는 자산 가치가 있다, 롤렉스를 차고 있지 않으면 일에 지장이 생긴다.'라는 점을 내세우는 것이다.

이처럼 판매방식을 찾을 때는 "이렇게 하면 팔리지 않을까?" 하며 감각적으로 대충 접근하면 실패한다. 소비자의 감정을 다양한 측면에서 바라보고 분석해야 확실한 판매방식을 찾을 수 있다.

된장, 간장의 매출을 10배로 만든 판매방식

이제 이 분석법을 된장과 간장에 응용해서 팔리는 판매방식을 찾아보자.

현재 된장, 간장은 왼쪽 아래의 박스에 위치한다. 즉, '된장, 간장은 지금 사용하는 것이 있으니까 필요하지 않다, 현재의 된장, 간장으로 만족하니까 굳이 다른 된장, 간장으로 바꿀 생각은 없다.'라는 것이다. 따라서 니즈도 원츠도 부족한 상태다. 그럴 경우, 이 회사는 어떤 전략을 세워야 할까? 2가지 스텝을 밟으면 된다.

우선 필요성을 강조해서 왼쪽 위의 박스로 이동한다. 현재 필요성이 없는 이유는 지금 사용하고 있는 된장, 간장이 아직 남아 있기 때문이다. 그러나 그것을 전제로 삼아도 된장, 간장

니즈·원츠 분석법을 활용한 예

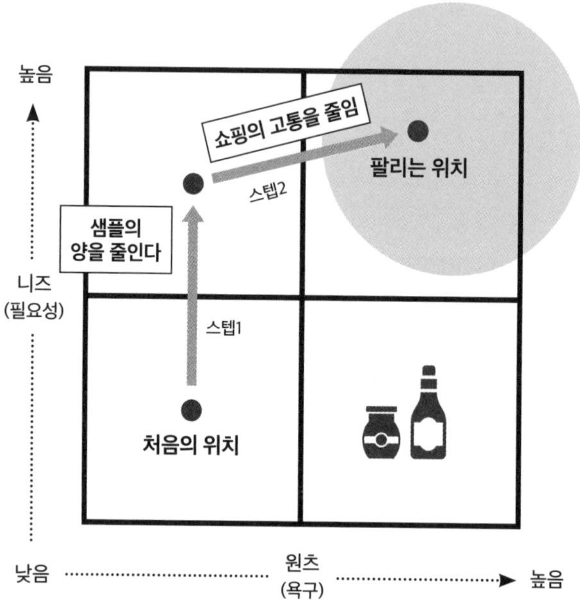

팔리지 않는 원인을 하나씩 제거하는 것으로
팔리기 쉬운 세그먼트로 이동시킨다.

이 얼마 남지 않은 사람은 있을 것이다. 그런 사람들의 필요성을 높이는 방법은 없을까. 그래서 자사의 상품을 다시 살펴보았다.

그러자 '서비스'를 제공한다는 이유로 간장 두 병, 된장 두 통이라는 식으로 양을 너무 많이 제공하고 있다는 사실을 깨달았다. 즉, 필요 이상의 양을 제안하고 있었던 것이다. 그래서 샘플 세트의 양을 줄이고 그 대신 폰즈소스 등 몇 가지의 덤을 얹어주기로 했다.

다음으로 생각해야 할 점은 왼쪽 위에서 오른쪽 위의 박스로 이동하는 전략이다. 즉, 욕구를 높이려면 어떻게 해야 할까? 욕구에는 2가지 타입이 있다고 설명했다. 즉, 쾌락을 추구하는 욕구와 고통에서 벗어나는 욕구다.

이 된장, 간장의 경우에는 어떨까. 쾌락을 추구하는 욕구는 '맛있는 된장을 먹고 싶다.'라는 욕구다. 거기에 비해 고통에서 벗어나는 욕구는 '무거운 된장이나 간장은 가능하면 장바구니에 넣고 싶지 않다.', '누가 만졌는지 알 수 없는, 상점에 진열되어 있는 된장이나 간장은 싫다.'라는 것들을 들 수 있다. 그래서 다음과 같은 판매방식을 생각할 수 있었다.

"더 이상 무거운 된장이나 간장을 장바구니에 담을 필요가 없습니다. 전화 한 통이면 구수한 된장과 달큰한 간장이 여러 분의 집 앞까지 배달됩니다. 더구나 제조하자마자 그대로 포장했기 때문에 신선하고 맛이 살아있습니다."

그렇게 개선된 것이 250~251쪽의 DM이다. 이런 단계를 거친 결과, 통신판매를 시작했을 당시에는 불과 4%의 수치를 보였던 구매율이 몇 개월 뒤에는 50%까지 상승했다. 이처럼 똑같은 상품이라도 상품의 판매방식을 바꾸면 매출이 12배 남짓이나 차이가 나게 된다.

팔 수 있는 구조를 갖추고 있는 회사와 그때마다 임기응변으로 대처하는 회사

이 사례를 보고 배워야 하는 포인트는 대부분의 회사가 이 10배의 숫자를 얻기 위한 전 단계, 즉 불과 구매율 4%였던 단계에서 승부를 내려 한다는 것이다. 그 이유는 상품의 도입과 동시에 상품의 판매방식을 고정해 버리기 때문이다. 그럴듯하게 인쇄하지 않으면 큰 회사처럼 보이지 않는다. 그래서 이미지를 중시하고 카탈로그를 인쇄하는 데에 많은 비용을 들인다. 투자를 하는 것이니까 리스크를 줄이기 위해 신중해진다.

그래서 타사와 비슷한, 무난한 방식으로 판매를 한다. 그 결과, 얻을 수 있는 수치는 불과 4%이고 "불황 때문에 팔리지 않아!"라며 한숨을 내쉰다.

가네요 판매의 요코야마 상무의 다른 점은 가설과 검증을 반복하면서 판매방식에 관해 꾸준히 연구했다는 것이다. 간단한 것처럼 보이지만 그의 입장에서는 정말 지루한 시간이었다. 4%로 끝난다면 된장, 간장업계의 최고봉이 되겠다는 바람은 물거품이 되어 버린다.

그 지루한 시간 동안 그는 꾸준히 연구를 했고 그 노력이 12배라는 수치로 이어졌다. 단, 연구가 빛을 볼 때까지 2~3년이 걸린 것이 아니다. 불과 3개월이다.

그 3개월에 집중하여 두뇌를 활용할 수 있는가, 없는가 이것에 의해 팔리는 구조를 갖추고 있는 회사와 그때마다 임기응변으로 대처하는 회사가 결정된다.

3개월 만에 매출을 열 배로 높인 DM

"정말 맛있다!"

만약 고객님이 샘플 간장을 맛보고 이렇게 생각하셨다면
꼭 주목해주시기 바랍니다.

사실 최근 들어 '고객의 요구'에 약간의 **변화**가 생겼습니다.
이곳 규슈 최남단, 가고시마에 위치한 우리 사무실에는 매일 전국에서 수많은 전화가 걸려 옵니다. 그중에서도 처음 전화를 주신 고객분들은 "친구나 친척의 소개를 받았는데 먹어보니 너무 맛있어서요!"라는 의견이 대부분이었습니다.

하지만, 최근 들어 이 의견이 약간 달라졌습니다.

"맛있어서 주문합니다!"라는 고객 이외에 "한번 먹어보고 싶어서요."라는 고객분들이 증가했습니다. 즉, 먹어 본 적이 있는 고객은 물론이고 한번 시식해보고 싶은 고객의 주문이 증가한 것입니다.

우리가 보통 판매하는 작은 상자에는 제품 6개가 들어갑니다.
이건 "한번 먹어보고 싶다!"는 고객의 입장에서는 양이 너무 많습니다.
그 결과, **"그렇게 많은 양은 필요하지 않습니다!"**라는 말을 몇 번이나 들었습니다.

그래서 **'직배송·맛보기 세트'**라는, 특히 **'첫 고객'**분들이 여러 가지를 맛보실 수 있도록 '모듬 맛보기 세트'를 만들게 되었습니다.
1종류의 양을 줄이는 대신 다양한 맛을 충분히 즐길 수 있도록 종류를 다양하게 늘렸습니다.

- **하하유즈리 고이구치(진한 맛) 간장** 생선회 등에 잘 어울리는 진간장
- **하하유즈리 우스구치(순한 맛) 간장** 국이나 찌개에 잘 어울리는 국간장 (바쁠 때 국이나 찌개에 약간 더하는 것만으로 국물의 맛을 한층 높여 줍니다!)
- **야마부키 무기코지(보리누룩) 생된장** (보리의 독특한 맛이 자연스럽게 우러나 자기도 모르게 된장국을 몇 그릇이나 더 먹게 된다!)
- **가쓰오(가다랑어) 미소 소스**(밥에 뿌리기만 해서 먹어도 최고!)

이상 4가지 제품을 **'직배송·맛보기 세트'**로 담았습니다.
실제 '직배송·맛보기 세트'의 장점은 유효기간에 신경을 쓰면서 마트에 진열되어 있는 상품을 구입하는 것이 아니라 **'업체에서 직접 출고해 신선한 상품을 먹을 수 있다.'**라는 데에 있습니다.

또, **'전화 한 통으로! 간단히! 편하게!'** 주문할 수 있습니다.
가장 중요한 기초 조미료가 된장과 간장입니다. 소금, 후추 등과 비교해 보십시오.
그렇게 중요한 조미료를 굳이 30분 이상 시간 들여 멀리 마트까지 가서 구입할 필요 없습니다.

가능하다면 이 '직배송·맛보기 세트', 신청하셔서 드셔보십시오. 다만, 규슈의 최남단이라는 점에서 '택배비'가 들어갑니다. 또, 원료도 엄선한 보리(된장은 시코쿠산 쌀보리를 사용)를 사용하다 보니 한계가 있습니다.

그래서!
3대 사장님이신 요코야마 노리아키 씨와 이야기하고 택배사와 제휴하여 최저로 낮춘 **맛보기용 특별가격**을 설정했습니다.
여러분의 협력에 대한 저의 마음입니다.

만약 상품이 마음에 들지 않으셨다면
뜯어서 사용했더라도 상품을 착불로 반품해주시면 됩니다.
'어떤 점이 나빴는지', '어떻게 하면 좋겠는지' 부디 알려주시기 바랍니다.

확인합니다!
'출고 직송-시식 세트'에는 이런 종류들이 들어갑니다.
1. 진간장, 하하유즈리 진한 맛 간장 500㎖ 1병
2. 국간장, 하하유즈리 순한 맛 간장 500㎖ 1병
3. 보리누룩 생된장, 야마부키 500g 1개.
4. 마쿠라자키산 가다랑어를 넣은 된장소스 300g 1개

그리고, 이번 주문에 한하여

5. 무료 맛간장 250㎖ 1병
6. 남일본신문사 생활의 보물 시리즈 소책자 15쪽

위 6가지 상품이 한 개의 상자에 들어갑니다.
모든 상품은 업체에서 직배송하여 신선한 것이며 소책자는 최신간입니다.
통상 일본 수도권 지역까지의 **배송료는 930엔**. 상품가격까지 포함하면 **2,000엔** 이상의 가격이 형성됩니다. 그러나 이번 '맛보기 세트'는 한 명이라도 더 많은 분이 접해보실 수 있도록 최선을 다했습니다!
그래서 부탁드립니다. 배송료를 **100엔**만 부담해주십시오!
나머지 요금은 모두 저희가 부담하겠습니다. 상품가격도 최대한 낮추었습니다. 그 결과, 위에 소개한 6가지 상품이 들어 있는 세트를 **단돈 1,480엔**에 받아보실 수 있게 되었습니다. (소비세 별도)

여러분의 최종 답변기한은 ○○월 ○○일까지입니다.
이 세트 상품은 어디까지나 '첫 고객에 한하여'라는 취지로 구성한 것입니다. 여러분의 연락, 진심으로 기다리겠습니다.

가네요 판매
상무 요코야마 에이사쿠

물론 모든 고객에게 이런 기회를 드리는 것은 아닙니다.
이전에 전화를 주시고 이미 **'샘플 간장을 시식하고 있는 고객'**, 그리고 **'수도권 간토 지역에 살고 있는 고객'**분들에게만 안내해드리고 있습니다.

가고시마라는 지역은 도심의(?) 정보가 좀처럼 전달되지 않는 곳입니다.
'일본 수도권 지역 분들은 이 맛을 어떻게 느끼시는지 궁금합니다.'
앞으로 제품에 여러분의 의견을 참고하고 싶습니다.

그래서 대단히 송구하지만, 부디 이 '맛보기 세트'를 신청하실 고객은 ○○월 ○○일까지 동봉한 **'특별 혜택 신청 엽서'**를 보내주시기 바랍니다.
훑어보시고 그대로 우체통에 넣어주시면 됩니다. 물론 우표는 필요 없습니다.

전화로도 간단히 이용할 수 있습니다!
'직배송·맛보기 세트 신청 희망'이라고만 말씀해주시면 됩니다. 시간도 걸리시 않습니다.
FAX를 이용하실 경우에는 동봉한 엽서에 체크를 하신 뒤에 보내주시면 됩니다.

그리고, 마지막으로 여러분에게 중요한 부탁이 있습니다.
전화를 이용하실 때에는 반드시 아래의 번호를 알려주십시오.
일반 고객분들과 혼동하면 정상적인 가격이 책정됩니다.
이번에는 **샘플을 받아보신 고객분들만이 대상**이니까 잘 부탁드립니다.

*****고객님의 우대번호는 ○○○○번입니다. 잊지 말고 알려주십시오*****

가네요의 전단

사진으로 파는 것이 아니라 정열로 판다

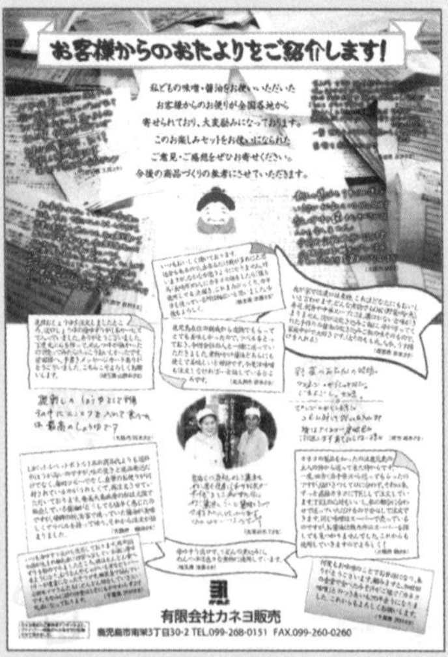

마케팅 사례 ④

기업 대상 세미나나 스터디 모임에 고객을 모집하는 경우

주식회사 알막(Almac). 사이타마현 우라와시 유료 세미나 3일 전에 보낸 DM으로 17%의 고객을 모집

스스로 고객을 모집할 수 있어야 한다

지금부터 설명하는 내용은 부끄럽지만 나의 사례다. 내가 하는 일은 누구나 결과를 낼 수 있는 분석방법이나 수단을 제공하는 것이다. 그 분석방법이나 수단은 탁상공론이 아니다. 그래서 직접 사용해보고 정말 이익이 발생하는 방법만을 소개한다.

상식적으로 보면 내가 만들어 낸 수단은 "이게 뭐야?"라고 의문이 드는 경우도 적지 않다. 하지만 상식적이지 않은 만큼 상식적이지 않은 숫자를 보여준다. 그 하나의 예가 다음 쪽의 DM이다.

읽어보면 알겠지만 나의 세미나에 고객을 모집하는 DM이다. 이것은 내가 처음으로 돈을 받고 사람들 앞에서 강연을 한 세미나다. 그러나 문제가 발생했다. 세미나를 받아들인 건 좋았지만 나는 이름이 없는 사람이었다.

세미나 주최자로부터 전화가 걸려 왔다. "고객이 모이지 않는데요."라는 내용이었다. 그러자 집객 프로의 입장에서 자존심이 상했다. 집객의 노하우를 강연하는 세미나인데 그 세미나에 고객이 오지 않는다면 앞뒤가 맞지 않는다.

그래서 "제가 고객을 모아볼까요? 그에 맞춰 수수료를 받겠습니다."라며 고객을 모집하기로 했다. 약속을 하기는 했지만 다른 일 때문에 바빠서 전혀 신경을 쓸 수 없었다. 결국 DM을 세미나 6일 전에 작성했다. 밤을 새워 인쇄를 하고 봉투에 넣었다. 실제로 해보면 알겠지만 메일을 봉투에 넣는 작업은 정말 힘들다. 등에 통증이 느껴진다. 시원해야 할 계절인데 이마에 땀이 맺힌다.

매우 수상쩍은 DM

시급히 읽어주세요. 세미나 시작까지 52시간밖에 남지 않았어요. 만일 세미나 내용이 놀랍지 않으시다면 책임지고 참가비 전액은 물론 추가로 1,000엔을 지불하겠습니다.

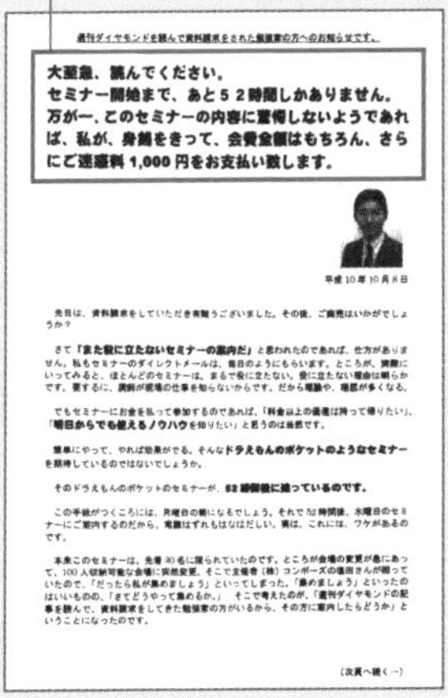

週刊ダイヤモンドを読んで資料請求をされた勉強家の方へのお知らせです。

大至急、読んでください。
セミナー開始まで、あと52時間しかありません。
万が一、このセミナーの内容に驚愕しないようであれば、私が、身銭をきって、会費全額はもちろん、さらにご迷惑料 1,000 円をお支払い致します。

平成 10 年 10 月 8 日

先日は、資料請求をしていただき有難うございました。その後、ご商売はいかがでしょうか？

さて**「また役に立たないセミナーの案内だ」**と思われたのであれば、仕方がありません。私もセミナーのダイレクトメールは、毎日のようにもらいます。ところが、実際にいってみると、ほとんどのセミナーは、まるで役に立たない。役に立たない理由は明らかです。要するに、講師が現場の仕事を知らないからです。だから理論や、理屈が多くなる。

でもセミナーにお金を払って参加するのであれば、「料金以上の価値は持って帰りたい」、**「明日からでも使えるノウハウ**を知りたい」と思うのは当然です。

簡単にやって、やれば効果がでる。そんな**ドラえもんのポケットのようなセミナー**を期待しているのではないでしょうか。

そのドラえもんのポケットのセミナーが、**52 時間後に迫っているのです。**

この手紙がつくころには、月曜日の朝になるでしょう。それで 52 時間後、木曜日のセミナーにご案内するのだから、常識はずれもはなはだしい。実は、これには、ワケがあるのです。

本来このセミナーは、先着 30 名に限られていたのです。ところが会場の変更が急にあって、100 人収納可能な会場に突然変更。そこで主催者（株）コンポーズの塩田さんが困っていたので、「だったら私が集めましょう」といってしまった。「集めましょう」といったのはいいものの、「さてどうやって集めるか。」　そこで考えたのが、「週刊ダイヤモンドの記事を読んで、資料請求をしてきた勉強家の方がいるから、その方に案内したらどうか」ということになったのです。

（次頁へ続く→）

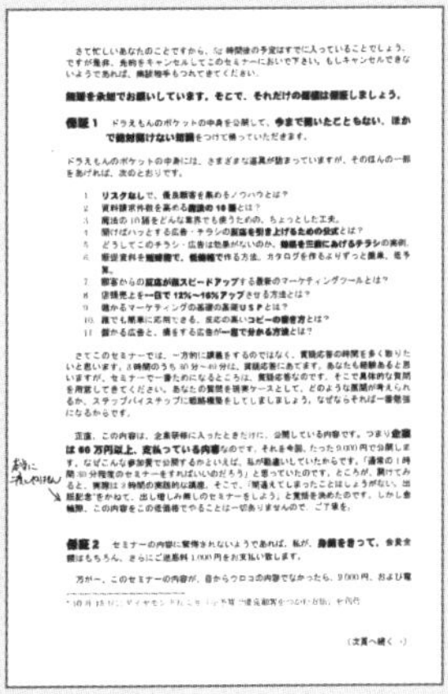

さて忙しいあなたのことですから、52 時間後の予定はすでに入っていることでしょう。ですが是非、先約をキャンセルしてこのセミナーにおいで下さい。もしキャンセルできないようであれば、商談相手もつれてきてください。

無理を承知でお願いしています。そこで、それだけの価値は保証しましょう。

保証 1　ドラえもんのポケットの中身を公開して、**今まで聞いたこともない、ほかで絶対聞けない話題**をつけて帰っていただきます。

ドラえもんのポケットの中身には、さまざまな道具が詰まっていますが、そのほんの一部をあげれば、次のとおりです。

1. **リスクなし**で、優良顧客を集めるノウハウとは？
2. 資料請求件数を高める**秘訣の 10 箇**とは？
3. 魔法の 10 語をどんな業界でも使うための、ちょっとした工夫。
4. 聞けばハッとする広告・チラシの**反応を引き上げるための公式**とは？
5. どうしてこのチラシ・広告は効果がないのか。**効果を三倍にあげるチラシ**の実例。
6. 販促資料を**短時間で、低価格**で作る方法。カタログを作るよりずっと簡単、低予算。
7. 顧客からの**反応が超スピードアップ**する最新のマーケティングツールとは？
8. 店頭売上を**一日で 12%～16%アップ**させる方法とは？
9. 儲かるマーケティングの基礎の基礎ＵＳＰとは？
10. 誰でも簡単に応用できる、反応の高い**コピーの書き方**とは？
11. 儲かる広告と、損をする広告が**一目で分かる方法**とは？

さてこのセミナーでは、一方的に講義をするのではなく、質疑応答の時間を多く取りたいと思います。3 時間のうち 30 分～40 分は、質疑応答にあてます。あなたも経験あると思いますが、セミナーで一番ためになるところは、質疑応答なのです。そこで具体的な質問を用意してきてください。あなたの質問を現実ケースとして、どのような展開が考えられるか、ステップバイステップに疑似体験をしてしまいましょう。なぜならそれは一番勉強になるからです。

正直、この内容は、企業研修に入ったときだけに、公開している内容です。つまり**企業は 60 万円以上、支払っている内容**なのです。それを今回、たった 9,000 円で公開します。なぜこんな参加費で公開するのかといえば、私が勘違いしていたからです。「通常の 1 時間 30 分程度のセミナーをすればいいのだろう」と思っていたのです。ところが、聞けてみると、実際は 3 時間の実践的な講座。そこで、「間違えてしまったことはしょうがない、出版記念*をかねて、出し惜しみ無しのセミナーをしよう」と覚悟を決めたのです。しかし金輪際、この内容をこの低価格でやることは一切ありませんので、ご了承を。

保証 2　セミナーの内容に驚愕されないようであれば、私が、**身銭を切って**、会費全額はもちろん、さらにご迷惑料 1,000 円をお支払い致します。

万が一、このセミナーの内容が、目からウロコの内容でなかったら、9,000 円、および電

（次頁へ続く→）

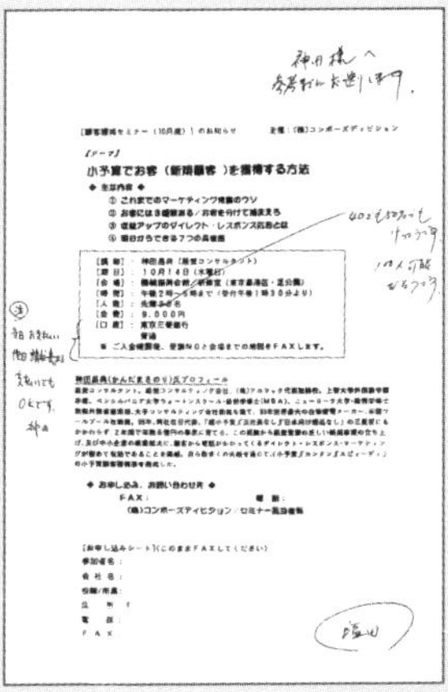

【顧客獲得セミナー（10月度）】のお知らせ　　主催：(株)コンポーズディビジョン

【テーマ】

小予算でお客（新規顧客）を獲得する方法

◆ 主な内容 ◆

① これまでのマーケティング常識のウソ
② お客には 3 種類ある／お客を分けて捕まえろ
③ 収益アップのダイレクト・レスポンス広告とは
④ 明日からできる 7 つの具体策

【講　師】：神田昌典（経営コンサルタント）
【期　日】：10月14日（水曜日）
【会　場】：機械振興会館／研修室（東京都港区・芝公園）
【時　間】：午後2時～5時まで（受付午後1時30分より）
【人　数】：先着 30 名
【会　費】：9,000円
【口　座】：東京三菱銀行
普通
※ ご入金確認後、受講NOと会場までの地図をFAXします。

神田昌典（かんだまさのり）氏プロフィール

◆ お申し込み、お問い合わせ先 ◆
ＦＡＸ：　　　　電　話：
(株)コンポーズディビジョン／セミナー担当者係

【お申し込みシート】(このままＦＡＸしてください)
参加者名：
会 社 名：
役職/所属：
住　所：〒
電　話：
ＦＡＸ：

昼代 1000 円、合計 10,000 円を、その場で返金しましょう。当日、1 万円札を用意していきますから、声をかけていただくだけで、理由を一切聞かずに 1 万円を返金いたします。これは私が、お金をいただかないということではありません。当然のことながら、あなたが支払った 9,000 円は、主催者に支払われるのです。ということは、あなたに返金することになるかも知れない 10,000 円は、私が自分の財布から出すお金なのです。

つまりあなたのリスクは、私が身代わりに引き受けているのです。

なぜこんなリスクを背負うのでしょうか。なぜなら、ほとんどの方は、このセミナーの知識を得れば、「あぁー、そうだったのかぁ、こんなに簡単なことだったのかぁ」と**長年の悩みを解決**できるからです。そして 120％満足してお帰りになっていただけることを知っているからです。

それでは、当日、会場でお目にかかることを楽しみにしております。是非とも長年の胸の曇を晴らしてください。

経営コンサルタント

追伸、この価格で、この内容を話すことは今後一切ありません。52 時間後です。お読みが始まっています。今すぐ、株式会社コンポーズディビジョンまで、次頁のファックスを送ってください。

（次頁へ続く→）

하지만 집객은 성공!

이 작업을 끝내고 무거운 봉투더미를 우체국으로 가져간 것이 세미나 5일 전이다. 목요일 저녁이었다. 따라서 봉투가 도착하는 건 빨라야 토요일 아침, 대부분 월요일 아침에 받아 들게 될 것이다. 그럴 경우, 세미나 3일 전이다. 월요일에 주최자로부터 전화가 걸려 왔다.

"덕분에 상당한 고객이 모였습니다."

그때는 "아, 결과가 좋아서 다행이다."라는 기분이 들었다. 그리고 당일에는 더 놀라운 일이 발생했다. 세미나장 앞에 엄청난 사람들이 모여 있었다.

"이런 불경기에 사람들이 꽤 많이 모였네. 무슨 유명인사의 강연회라도 있나?"

그렇게 생각했다. 하지만 곧 깜짝 놀랐다. 그들은 내 세미나에 참석하려는 고객들이었다. 주최자에게 물어보자 어제까지 전화가 빗발치듯 걸려 왔다는 것이다.

비상식이 비상식적인 결과를 낳는다

대체 그 편지의 무엇이 이런 마술을 부린 것일까?

사실 봉투에 약간의 연구를 추가했다. '52시간 뒤로 다가왔습니다. 지금 즉시 봉투를!'이라는 문구를 넣은 것이다. 그것이 효과가 있었다. 세미나에 참가한 어떤 회사의 사원으로부터 후일 이런 이야기를 들었다.

그 회사에는 이 편지가 토요일 아침에 도착했다. 토요일에 출근하는 사원이 우편물을 분류할 때 이 편지를 집어 들었다. 봉투를 보니 '52시간 뒤로 다가왔습니다. 지금 즉시 봉투를!' 이라고 쓰여 있었다. 대체 무엇이 다가왔다는 것일까?

일반적으로 우편물은 사내 우편함에 넣어두게 된다. 따라서 대부분은 월요일까지 사장에게는 도달하지 않는다. 이 사원은 망설였다. 사장에게 연락을 취해야 하는 것일까? 결국, 고민 끝에 사장에게 전화를 걸었다고 한다.

사원: 사장님, ○○라는 사원입니다. 편지가 왔는데 봉투에 52시간 뒤로 다가왔다는 글이 쓰여 있습니다. 어떻게 할까요?

사장: 52시간 뒤로 다가오다니? 뭐가 다가왔다는 겁니까?

사원: 모르겠습니다. 그래서 사장님께 여쭈어 보려고….

사장: 일단 가져오십시오.

그리고 사장은 봉투를 개봉했다. 한바탕 웃음을 터뜨리고 즉시 세미나를 신청했다는 것이다. 사장은 그 사원과 함께 세미나장을 찾아왔다.

반응을 유발하는 두 가지 키워드

바쁜 사장이 왜 이렇게까지 적극적으로 행동했을까?

이것을 설명하는 2가지 키워드가 있다. 하나는 인지부조화, 그리고 두 번째는 긴급성이다.

첫 번째인 인지부조화는 심리학 용어다. 다음의 두 그림을 비교해보자. 어느 쪽이 눈에 띄는가?

아마 균형이 무너져 있는 쪽을 선택했을 것이다. 이처럼 균형이 무너져 있는 쪽이 주의를 끈다. 이것은 디자인 문제라고 생각할 수 있지만 사실은 모든 것에 응용할 수 있다. 그렇다면 DM에는 이 인지부조화가 어떻게 응용되었을까?

우선 이 DM 자체가 일반적으로 보내는 DM과는 상당히 다르다. 이 책에서는 알 수 없지만 편지는 핑크색 종이를 사용했다. 더구나 복사본이다. 얼굴 사진은 일그러져 있다. 솔직히 말해서 "뭘 이렇게 만들었지?" 하는 느낌이 들 정도다. 하지만 의식적으로 이렇게 만든 것이다. 심리적인 부조화를 일으키기 위해서다.

이 DM을 본 사람은 "이게 뭐야?"라는 반응을 일으킨다. 감정의 균형이 무너진다. 그럴 경우 균형이 무너진 사람은 그 균형을 바로잡으려 한다. 그 결과, 자기도 모르게 편지의 내용이 궁금해서 읽게 된다. 이것이 감정의 메커니즘이다. 편지를 읽게 하기까지는 이것으로 달성했다.

다음 단계는 어떻게 세미나를 신청하도록 유도하냐는 것이다. 행동을 유도하기 위해 절대로 잊어서는 안 되는 키워드가 긴급성이다. 사람은 아무리 훌륭한 제안이라고 해도 뒤로 미룬다. "바쁘니까 나중에…."라는 식으로.

그래서 "나중에"라는 반응을 "지금 당장 판단하지 않으면 안 된다."라는 반응으로 바꾸어야 한다. 그것이 긴급성이다. 이 경우에는 52시간이라는 스톱워치가 작용하고 있다. 필연적으로 긴급성을 의식하게 되었다. 일반적이라면 "나중에"라는 패턴이 "지금 당장 신청하자."라는 행동으로 연결된 것이다.

여러분은 왜 이 책을 구입했는가?

이 인지부조화와 긴급성은 이 책에서도 활용하고 있다. 그것이 여러분이 이 책을 현재 읽고 있는 이유다. 우선 마케팅 서적이라고는 생각하기 어려운, 핑크색으로 강조한 표지가 부조화를 일으킨다. "이게 뭐야?"라는 반응이다. 그리고 심리적 균형을 회복하기 위해 이 책을 집어 든다.

우선 표지를 보고 다음으로 책을 이리저리 살피다가 이 책으로 이룬 성과를 본다. 그러나 "정말 이렇게 실적을 올렸다고? 거짓말이겠지."라고 일단 의심을 한다. 그리고 거짓말인지 아닌지를 확인하기 위해 "어떤 사람이 쓴 거야?" 하는 궁금증에 저자 프로필을 보고 "일단 이상한 사람은 아닌 것 같은데."라고 생각한다.

그런 다음 책을 펼쳐 머리말을 읽는다. 머리말을 읽으면 마지막 부분에 "빨리 계산대로 달려가기 바란다."라는 명확한 지시가 있다. 그대로 이 책을 구입하게 된 것이다. 사실 이런 설계가 이루어져 있었다.

그렇기 때문에 여러분이 핑크색으로 강조된 표지를 보고

집어 들었을 때부터 여러분의 행동은 내가 계획한 대로 이어진 것이다. 그동안 나는 "이 책을 구입해 주십시오."라고 부탁한 기억이 없다. 오히려 "구입하지 말라."라고 부탁하고 있다. 이것이 감정 마케팅이다. 그리고 여러분도 똑같은 마케팅을 할 수 있다.

오해받지 않기 위해 다시 한번 강조해둔다. 이 방법이 고객의 마음을 조작한다고 생각하는 것은 잘못이다. 오히려 그 반대다. 지금까지의 방법은 고객을 대상으로 판매자가 중심이 된 판매를 해왔다. 그 때문에 고객과의 인간관계를 만들기 힘들었다.

감정 마케팅은 당신과 고객의 마음을 부드럽게 연결하는 방법이다. 그리고 판매자의 생각을 시장에 급속도로 전달한다. 그것을 지금까지의 마케팅 방법과 비교해보면 몇 배나 순조롭게 목표를 이룬다. 이런 강력한 수단이다.

그러나 강력한 수단이기 때문에 여러분 자신의 심리적 수준이 높아야 한다. 머리말에서 말했듯 상품에 자신이 없어 한몫 챙기고 도망갈 생각이라면 이 수단은 사용하지 않는 것이 좋다. 만약 이 수단을 사용하면 여러분은 파멸할 테니까. 왜냐하면 여러분에 대한 악평이 급속도로 퍼져 나가기 때문이다.

그러나 좋은 상품을 판매하고 있다는 자신감이 있고 고객과 평생 신뢰 관계를 구축하고 그들에게 봉사하는 데에 삶의 보람을 느낀다면… 이 방법을 지금 당장 실천하기 바란다. 90일 후에는 여러분의 회사를 고수익 기업으로 바꾸어 줄 것이다.

고객을 사로잡는
성공 포인트

- 신규 개척을 하지 못하는 회사는 간단한 영업프로세스를 만들어야 한다.
- 아무리 좋은 전략이라고 해도 실행하는 수단을 확실하게 갖추지 않으면 제 기능을 다할 수 없다.
- 반대로 아무리 수단이 좋다고 해도 전략을 확실하게 갖추지 않으면 제 기능을 다할 수 없다.
- 상품의 판매방식을 바꾸는 것만으로 매출은 12배나 차이가 난다.
- DM에 반응하게 만드는 포인트는 인지부조화와 긴급성이다.
- 이 책에 쓰여 있는 내용은 모두 여러분도 할 수 있는 것들이다.

마치며

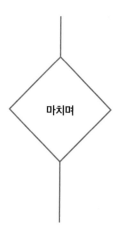

내 스터디 모임에 참가했던 보험 대리점 직원에게 전화가 걸려 왔다. 실적우수자로 발리 섬에 초대를 받았다는 내용이었다. 지점에서는 2위의 실적이었고 1위는 영업사원을 몇 명이나 고용하고 있는 대리점이지만 이 사람은 개인 영업이다. 영업효율에서 보면 말할 필요도 없이 1등이다. 나중에 이 사람이 팩스를 보내주었다.

"생각해보면 회사 모임에서 간다 씨가 쓴 기사를 받아 본 것이 시작입니다. 그때는 단지 재미있겠다는 생각에서 전화를 걸어보았지요. 그게 감정 마케팅에 관심을 가지게 된 계기였습니다. 하루 종일 다리가 굳을 정도로 돌아다녀도 계약은

1건도 할 수 없어서 커피숍에서 시간만 보냈던 작년과 비교할 때 올해는 엄청난 발전이지요. 이렇게까지 좋은 결과를 낼 줄은…. 돌이켜보면 그 모임에는 적어도 10명이 똑같은 기사를 보고 있었습니다."

나도 마찬가지다. 이 마케팅에 깊이 빠져들게 된 계기는 정말 사소했다. 미국 출장 중에 손에 든 잡지의 기사에 굳이 발로 뛰는 영업을 하지 않아도 고객을 아쉽게 만드는 방법에 관해 쓰여 있었다. '이렇게 쉬운 방법이 있을 리 없어.'라고 생각하면서 '그래도 어쩌면….' 하는 생각이 들었다.

그 후, 직접 전단지를 배포하고 이 방법론을 실험했다. 광고선전에는 3천만 엔 이상을 투입하였으며, 일본에서 효과가 있는지 검증해왔다. 그 결과, 이 책까지 쓰게 된 것이다.

이처럼 사소한 계기가 인생을 크게 바꾼다. 그리고 여러분에게도 계기는 찾아온다. 바로 이 책이다. 감정 마케팅이라는 마법이 존재한다는 사실을 알게 된 지금, 여러분에게는 3가지 선택권이 있다.

첫 번째는 "어차피 이 책은 컨설턴트가 영업을 하기 위해 그럴듯하게 써놓은 내용에 지나지 않아."라고 방법론 자체를 부정하는 것이다. 나는 상관없다. 다만, 모처럼 연결된 인연이니까 과학적으로 집객이 이루어진다는 사실 만큼은 잊지 말기를 바란다.

두 번째는 "일단 참고는 되었어. 어떻게 사용할지, 한번 생각해보자." 하고 실천을 미루는 것이다. 아예 실천하겠다는 생각조차 하지 않는 것보다는 낫지만 시간이 지나면 지날수록 실천하기는 어려워질 것이다. 이왕 실천할 거면 지금 당장 실행하는 것이 좋다.

세 번째 선택지는 지금 이 순간에 첫걸음을 내딛는 것이다. 첫걸음을 떼려면 용기가 필요할지도 모른다. 하지만 실패를 해도 상관없지 않은가. 어떤 성공한 사람이건 열에 여덟은 실패를 맛보았다. 성공한 사람은 그 여덟 번의 실패를 가능하면 빨리, 더구나 돈을 들이지 않고 경험한다. 그리고 성공하는 데에 집중적으로 투자를 한다. 그렇기 때문에 성공한다.

내가 수많은 실패를 경험했듯 여러분에게도 시행착오는 있을 수 있다. 하지만 두려워할 필요는 없다. 이 책에서 소개한 회사들도 시행착오는 있었지만 큰 실패는 맛보지 않았다. 투자한 돈이 거의 없었기 때문이다. 그러니까 안심하고 첫걸음을 내딛기 바란다.

마지막으로….

고객획득실천회의 회원 여러분에게 정말 감사드린다. 회원 여러분이 실천해주지 않았다면 이 정도로 단기간에 업종과 업태를 초월한 감정 마케팅이라는 방법론을 체계화할 수 없었을 것이다. 특히 판촉자료 게재에 협력해준 각 회사에는 진심으로 감사의 말씀을 드린다. 현재, 진행 중인 판촉자료들이기 때문에 사실은 공개하고 싶지 않았던 부분도 분명히 있었을 것이다. 그런 만큼 더욱 체계와 방법을 가다듬어 보다 좋은 결과를 안겨드리도록 노력할 생각이다. 진심으로 감사를 드린다.

90일 만에 당신의 회사를
고수익 기업으로 바꿔라

초판 1쇄 발행 2023년 8월 10일
3쇄 발행 2024년 9월 30일

지은이 간다 마사노리
옮긴이 이정환
편집 정윤아
디자인 김윤남
검토지원 강인석

펴낸곳 경칩
펴낸이 박용진
출판등록 2021-03-12 제2021-000013호
주소 충청북도 청주시 서현서로 39
전화 043-265-0654
팩스 0504-179-6835
이메일 kyungchip.books@gmail.com

ISBN 979-11-983725-0-5 (13320)

경칩은 겨울잠 자는 좋은 글을 깨워 봄 같이 생기있는 책을 펴냅니다.